essentials

essentials liefern aktuelles Wissen in konzentrierter Form. Die Essenz dessen, worauf es als „State-of-the-Art" in der gegenwärtigen Fachdiskussion oder in der Praxis ankommt. *essentials* informieren schnell, unkompliziert und verständlich

- als Einführung in ein aktuelles Thema aus Ihrem Fachgebiet
- als Einstieg in ein für Sie noch unbekanntes Themenfeld
- als Einblick, um zum Thema mitreden zu können

Die Bücher in elektronischer und gedruckter Form bringen das Expertenwissen von Springer-Fachautoren kompakt zur Darstellung. Sie sind besonders für die Nutzung als eBook auf Tablet-PCs, eBook-Readern und Smartphones geeignet. *essentials:* Wissensbausteine aus den Wirtschafts-, Sozial- und Geisteswissenschaften, aus Technik und Naturwissenschaften sowie aus Medizin, Psychologie und Gesundheitsberufen. Von renommierten Autoren aller Springer-Verlagsmarken.

Weitere Bände in der Reihe http://www.springer.com/series/13088

Johannes Moskaliuk

Beratung für gelingende Leadership 4.0

Praxis-Tools und Hintergrundwissen für Führungskräfte

 Springer

Johannes Moskaliuk
ich.raum GmbH
Reutlingen, Deutschland

ISSN 2197-6708   ISSN 2197-6716   (electronic)
essentials
ISBN 978-3-658-23707-3   ISBN 978-3-658-23708-0   (eBook)
https://doi.org/10.1007/978-3-658-23708-0

Die Deutsche Nationalbibliothek verzeichnet diese Publikation in der Deutschen Nationalbibliografie; detaillierte bibliografische Daten sind im Internet über http://dnb.d-nb.de abrufbar.

Springer ist ein Imprint der eingetragenen Gesellschaft Springer Fachmedien Wiesbaden GmbH und ist ein Teil von Springer Nature
Die Anschrift der Gesellschaft ist: Abraham-Lincoln-Str. 46, 65189 Wiesbaden, Germany

Was Sie in diesem *essential* finden können

- Fundierte Zusammenfassung der Diskurse zum Thema Leadership 4.0
- Aktuelles Wissen für Führungskräfte praxisnah und prägnant aufbereitet
- Konkrete Werkzeuge für den Führungsalltag

Inhaltsverzeichnis

1   **VUCA-World: Was die Digitalisierung wirklich
    verändert hat**... 1
    1.1   VUCA bedeutet Volatilität, Unsicherheit,
          Komplexität und Ambiguität 1
    1.2   Technologische Veränderungen führen zur einer
          digitalen Revolution.................................. 3
    1.3   Leadership 4.0-Impuls: Stellen Sie Ihre mentalen
          Modelle in Frage 6

2   **Moderieren statt Management: Ein neues
    Geschäftsmodell für Führung** 9
    2.1   Was ist Führung?...................................... 9
    2.2   Was ist Leadership 4.0................................ 11
    2.3   Beratungstool: Drei Rollen für Leadership 4.0 14

3   **Mit Unsicherheit umgehen und auf Veränderung
    reagieren** 17
    3.1   Führungsaufgaben für Leadership 4.0................... 17
    3.2   Beratungstool: Improvement Kata...................... 23

4   **Technik vs. Mensch: Kommunikation mit digitalen
    Medien** 27
    4.1   Kommunikation mit digitalen Medien ist
          weniger reichhaltig.................................. 27
    4.2   Digitale Medien für Kommunikation und
          Führung nutzen 30
    4.3   Beratungstool: Welche Digitalen Medien nutze ich für
          Kommunikation?....................................... 34

**5   Wertorientiert Führen: Was gibt Ihrem
      Unternehmen Sinn?** 37
  5.1   Was bedeutet wertorientierte Führung konkret? 37
  5.2   Leadership 4.0 als laterales Führen 41
  5.3   Leadership 4.0-Impuls: Wie führe ich ein laterales Team? 44

6   Generation Y, Z und Alpha: Reagieren auf Diversität 47
  6.1   Selbstbestimmungstheorie der Motivation 48
  6.2   Beratungstool: Motiv-Check 50

Literatur 57

VUCA-World: Was die Digitalisierung wirklich verändert hat

Unter dem Stichwort VUCA-World werden Veränderungen in einer digitalen Welt beschrieben, auf die Unternehmen und Organisationen reagieren müssen um langfristig überleben zu können. Das betrifft alle Unternehmensbereiche und alle Branchen. In diesem *essential* steht die Frage im Zentrum, welche Konsequenzen sich für Führung und Personalmanagement ergeben. Das erste Ziel ist, die Hintergründe, Ursachen und Konsequenzen der Digitalisierung zu beschreiben und zu diskutieren. Nur wer versteht, welche Anforderungen sich in der VUCA-World an Führungskräfte ergeben, kann mit passenden Strategien und Entscheidungen reagieren. Dabei sollen Schlagworte wie Leadership 4.0, agiles Management oder Ubiquitous Working definiert und in Bezug auf ihre Relevanz für die Praxis diskutiert werden. Das zweite Ziel ist, konkrete Werkzeuge und Methoden für Leadership 4.0 vorzustellen, die sich direkt im Führungs- oder Beratungsalltag einsetzen lassen. Im ersten Kapitel des *essentials* wird das Akronym VUCA definiert und die technologischen Veränderungen, die sich mit der Digitalisierung ergeben genauer beschrieben. Hier werden bereits jeweils Konsequenzen für Führung und Management abgeleitet. Den Abschluss des Kapitels bildet ein Leadership 4.0-Impuls mit konkreten Handlungsempfehlungen.

1.1 VUCA bedeutet Volatilität, Unsicherheit, Komplexität und Ambiguität

„Sechs Uhr morgens. Ich wache nach nur zwei Stunden Schlaf in meinem gepanzerten Fahrzeug auf und bin erstaunlich wach. Wir werden heute bis nach Bagdad vordringen. Es ist ein schöner Morgen, sonnig und etwas windig. Zwei Stunden später befinde ich mich in einem Standsturm. Alles ist dunkel-orange, die Sichtweite liegt bei wenigen Meter. Wir werden angriffen. Wieder zwei Stunden

© Springer Fachmedien Wiesbaden GmbH, ein Teil von Springer Nature 2019
J. Moskaliuk, *Beratung für gelingende Leadership 4.0*, essentials,
https://doi.org/10.1007/978-3-658-23708-0_1

später: Das Wetter hat aufgeklart. Aber die Situation ist unübersichtlich. Ich habe vier Funkgeräte in meinem Fahrzeug, und versuche die Informationen mehrerer Einheiten im Blick zu behalten. Ein Kollege, 100 m entfernt von mir in einem Panzer, wird angegriffen, er braucht Unterstützung. Anderthalb Kilometer entfernt meldet ein anderer Kollege an der Spitze unseres Konvois, die Kinder einer Grundschule kämen ihnen mit erhobenen Händen entgegen, blockieren die Straße und bitten um Süßigkeiten. Er will wissen, was er tun soll. Um den Kindern Süßigkeiten zu verteilen, müsste der ganze Konvoi stoppen. Während Sie diese Sätze lesen haben sich die beiden Kollegen erneut gemeldet, und auf die Dringlichkeit ihres Anliegens hingewiesen. Zum Nachdenken bleibt mir keine Zeit."

So beginnt Eric G. Kail einen Text, in dem er das Konzept VUCA erklärt, ein vom US Militär entwickeltes Rahmenmodell, um die Umgebung zu beschreiben, in denen Führungskräfte reagieren und entscheiden müssen. Das Akronym VUCA meint: Volatilität, Unsicherheit, Komplexität und Ambiguität. Mit der oben beschriebenen Situation illustriert Kail, Oberst bei der US Armee, was mit **Volatilität** gemeint ist: Die Rahmenbedingungen ändern sich ständig, es kommen neue Aufgaben hinzu, Entscheidungen sind dringend, eigentlich müssten zwei Sachen gleichzeitig erledigt werden. Daraus ergibt sich **Unsicherheit.** Es fehlen Informationen, Ursachen und Wirkungen sind nicht klar. Außerdem sind bisherige Erfahrungen und Strategien nicht mehr oder nur begrenzt auf die neue Situation anwendbar. **Komplexität** beschreibt die Menge und Art an Informationen, die berücksichtigt werden müssen. Es gibt viele Aspekte, die zusammenhängen und sich gegenseitig beeinflussen. Diese sind zumindest teilweise bekannt oder können vorhergesagt werden, es ist aber nicht mögliche alle Aspekte zu verarbeiten und für eine Entscheidung zu nutzen. **Ambiguität** bezieht sich auf die Mehr- oder Doppeldeutigkeit einer Situation. Es kommt zu einem Konflikt zwischen zwei oder mehr widersprüchlichen Entscheidungsoptionen, die beide jeweils Vor- und Nachteile haben. Da Vor-Erfahrungen mit ähnlichen Situationen fehlen, kann nicht oder nur eingeschränkt vorhergesagt werden, welche Entscheidung zum gewünschten Ergebnis führen wird. Die vier Aspekte des VUCA-Konzepts lassen sich zwei Dimensionen zuordnen: „Wieviel weiß ich über die Situation?" und „Wie gut kann ich die Ergebnisse meine Entscheidung vorhersagen?". Das zeigt Abb. 1.1.

Abb. 1.1 Das vom US-Militär entwickelt Rahmenmodell VUCA lässt sich auf den Alltag von Führungskräften übertragen

1.2 Technologische Veränderungen führen zur einer digitalen Revolution

Das Konzept VUCA beschreibt, unter welchen Bedingungen Führungskräfte Entscheidungen treffen müssen. Vom Oberst im Irak-Krieg übertragen auf die Führungskraft in einem Unternehmen, stehen vor allem die Bedingungen im Fokus, die sich durch die Digitalisierung ergeben. Damit sind zunächst technologische Veränderungen gemeint, die sich unter dem Begriff Web 2.0 (Tim O'Reilly 2005) zusammenfassen lassen:

1. Das Web 2.0 ist ein „Mitmach-Web". Einfache Werkzeuge zum Erstellen und Hochladen von Webseiten, Fotos und Filmen führen zu großen Mengen an Daten. Die Nutzer werden zu Produzenten von nutzergenerierten Inhalten.
2. Das Web 2.0 ist eine Plattform. Es löst den Personal Computer als zentralen Speicherplatz von Daten ab. Software wird im Netz bereitgestellt und über den Browser verwendet (z. B. Google Docs).

3. Das Web 2.0 ist „perpetual beta". Anwendungen und Angebote im Web werden unter Einbindung der Nutzer ständig weiterentwickelt und verbessert.
4. Das Web 2.0 ist anwendungs- und plattformübergreifend. Inhalte werden zwischen einzelnen Anwendungen ausgetauscht (z. B. Einbindung von Online-Karten auf externen Webseiten) und sind von unterschiedlichen Geräten aus zugänglich (Computer, Smartphone, Fernseher). In der Folge sind weitere technologische Innovationen zu nennen, die Lernen, Arbeiten und Leben prägen und verändern werden: Virtuelle Realitäten, künstliche Intelligenz, Sprach-Assistenten, Chat-Bot, smarte und vernetzte Geräte.

Auf Basis dieser technologischen Veränderungen ergeben sich neue Anforderungen an tragfähige Geschäftsmodelle, die Gestaltung von Arbeit und Zusammenarbeit, sowie die Kommunikation mit Kunden und Mitarbeitenden. Die durch die technologischen Entwicklungen angestoßenen Veränderungen betreffen längst alle Organisationen und Unternehmen. Zentrale Konsequenz dieser digitalen Revolution ist die veränderte Erwartung, die Kunden, Mitarbeitende, NutzerInnen, Partner, GeldgeberInnen, Interessenten und BewerberInnen an die interne und externe Kommunikation Organisationen und Unternehmen stellen. Daraus ergibt sich die Anforderungen an Führungskräfte in Organisationen und Unternehmen auf diese Veränderungen zu reagieren und diese zu gestalteten. Das wird unter dem Stichwort Leadership 4.0 im Kap. 2 konkretisiert.
    Die digitale Revolution verändert alle Bereiche der Gesellschaft. Drei Veränderungen sind zu nennen, die den Alltag von Führungskräften verändert haben und weiter verändern werden.

Mobile Geräte sind immer und überall verfügbar. Die Verfügbarkeit von mobilen Geräten wie Handys und Tablets, aber auch immer kleinere Laptops sowie wie Wearables (z. B. Smartwatches) ermöglicht Kommunikation zu jeder Zeit und von überall aus. Das vereinfacht die Kommunikation, und gibt Mitarbeitenden und Führungskräften die Freiheit, Arbeitszeiten und Arbeitsorte individueller zu gestalten. Ubiquitous Working, also das Arbeiten von überall aus, kann aber auch negative Auswirkungen haben, z. B. wenn nicht mehr genügend arbeitsfreie Erholungszeiten eingeplant werden oder der Zwang, ständig erreichbar zu sein zu einer Belastung wird. Außerdem kann die fehlende Passung von Arbeitsumgebung (z. B. Wohnzimmer oder Park) und Arbeitsaufgabe die Leistungsfähigkeit beeinträchtigen (vgl. Burmeister et al. 2018).
    Das bedeutet für Führungskräfte: Fehlen feste Arbeitsplätze und Arbeitszeiten an denen Mitarbeitende erreichbar sind, müssen die Rahmenbedingungen für die erfolgreiche Zusammenarbeit expliziter definiert werden im Blick auf die

Erreichbarkeit, auf den Austausch von Informationen im Team und das Treffen von Absprachen. Davon ist auch die Beurteilung von Leistung betroffen: Die Zeit, die ein Mitarbeiter am Arbeitsplatz anwesend ist, sagt nur noch teilweise etwas über dessen Leistung aus. Zudem müssen Kommunikationsnormen (z. B. die offene Tür als Hinweis „Ich bin da und habe Zeit") und Möglichkeiten für informellen Austausch (z. B. an der Kaffeemaschine) sich teilweise neu etablieren oder gezielter gesteuert werden.

Eine Aufgabe für Führungskräfte ist, die Kommunikation mit digitalen Medien zu steuern und zu gestalten. Das wird im Kap. 4 diskutiert.

Wissen wird demokratisiert. Im Netz sind Wissen und Informationen beinahe unbegrenzt verfügbar. Die notwendige Medienkompetenz vorausgesetzt, lassen sich zu allen Themen und Fragestellungen eine Vielzahl von Antworten und Lösungen finden. Dabei beteiligen sich Individuen an der gemeinsamen Weiterentwicklung von Wissen und profitieren gleichzeitig von der großen Menge an weltweit verfügbarem Wissen. Diese Weisheit der Massen macht z. B. die umfangreiche und qualitativ hochwertige Online-Enzyklopädie Wikipedia möglich. Lernen ist damit selbstgesteuert und problemorientiert möglich.

Das bedeutet für Führungskräfte: Die Anforderungen und Möglichkeiten der Personalentwicklung verändern sich. Klassische Seminare, in den „Lernen auf Vorrat" und die Vermittlung von Wissen im Vordergrund stehen, passen nicht mehr zu einer VUCA-World. Stattdessen müssen Formate etabliert werden, die den ständigen Austausch von Erfahrungen fördern, Wissensressourcen im Unternehmen identifizieren und nutzbar machen, notwendige Kompetenzen genau dann trainieren, wenn sie für eine aktuelle Arbeitsaufgabe benötigt werden. Darüber hinaus muss sich auch die Kommunikation innerhalb eines Unternehmens an die Netzkultur anpassen, in der immer mehr Mitarbeitende sozialisiert sind: Statt hierarchischer Informationsweitergabe von oben nach unten, erwarten Mitarbeitende zunehmend transparente und dialogorientierte Kommunikation.

Es entstehen weltweite Netzwerke. Im Netz entstehen übergreifende soziale Netzwerke, die nicht mehr nur lokal bedeutsam sind, z. B. innerhalb eines Unternehmens sondern über dessen Grenzen hinaus den Austausch von Informationen, Wissen und Erfahrungen ermöglichen. Die Art und Weise, wie Mitarbeitenden im Privaten z. B. über Facebook auch lose Kontakte pflegen, beeinflusst auch die berufsbezogene Kommunikation: Es fällt leicht, Kontakt zu ehemalige KollegInnen, StudienfreundInnen und KundInnen zu halten, sich gegenseitig über Veränderungen (z. B. Job-Wechsel), aktuelle Projekte oder Themen zu informieren. Das persönliche Netzwerk wird zu einer wichtigen Ressource, die selbstverständlich für die eigene Arbeit genutzt wird.

Das bedeutet für Führungskräfte: Insbesondere im Blick auf die Wettbewerbs-fähigkeit von Unternehmen, nicht nur im Informationssektor, sondern auch in den Bereichen Dienstleistung und Produktion, ist die Nutzung des Netzes z. B. für Werbung und PR, interne und externe Kommunikation, nutzerzentrierte Produkt-entwicklung oder Support deshalb zentral. Nach außen geschlossene Netzwerke sind nur noch eingeschränkt tragfähig, der schnelle und direkte Austausch mit anderen wird erfolgsentscheidend. Mitarbeitende müssen dabei unterstützt wer-den, ihre persönlichen Netzwerke zu pflegen und zu nutzen, und der Widerspruch zwischen dem berechtigen Interesse eines Unternehmens nach Geheimhaltung z. B. aktueller Strategien oder Produktentwicklungen einerseits und der Chance, durch die Kommunikation nach außen neue Impulse und Ideen zu erhalten ander-seits diskutiert und gelöst werden.

Darüber hinaus ist eine wesentliche Aufgabe von Führungskräften in einer digitalen Welt, auf Diversität zu reagieren. Das bezieht sich auf die unterschied-liche Medienkompetenz, die Mitarbeitende mitbringen. Diese ist oft mit dem Lebensalter korreliert: Jüngere Mitarbeitende nutzen das Web und die damit ver-bunden Technologien selbstverständlicher und ohne Hürden. Dennoch sind die vermeintlichen digitale Natives oft noch nicht so medienkompetent, wie zunächst vermutet (vgl. z. B. Kirschner und De Bruyckere 2017). Hier geht es darum, die Medienkompetenz als eine wichtige Voraussetzung für Leistung zu verstehen und als ein Ziel von Personalentwicklung zu definieren. Diversität bezieht sich aber auch auf soziodemografische Aspekte (z. B. Alter, Bildung, Geschlecht), die kulturelle Prägung, den fachlichen Hintergrund, Berufs- und Branchen-erfahrung, sowie auf Werthaltungen, Interessen und Überzeugungen. Um auf die Anforderungen einer VUCA-World reagieren zu können, ist die Diversität inner-halb eines Teams, einer Abteilung oder eines Unternehmens entscheidend für die Innovationskraft, die Flexibilität in Bezug auf neue Anforderungen und den Zugriff auf notwendigen Wissen.

1.3   Leadership 4.0-Impuls: Stellen Sie Ihre mentalen Modelle in Frage

Sie nutzen mentale Modelle, um Entscheidungen zu treffen. Diese mentalen Modelle enthalten Wissen und Erfahrungen. In einer Situation, in der Sie eine Ent-scheidung treffen müssen, suchen Sie also zunächst mental nach ähnlichen Situ-ationen, die Sie bereits erlebt haben und erinnern sich an die Entscheidung, die Sie damals getroffen hatten und daran, ob diese Entscheidung zum Erfolg geführt hat oder nicht. Mentale Modell helfen Ihnen dabei, Situationen zu klassifizieren und zur Situation passende Entscheidungen zu treffen. Solche mentalen Modelle sind notwendig, um schnell und effizient entscheiden zu können. Und es ist vielen Fällen auch sinnvoll, sich auf die eigenen mentalen Modelle zu verlassen – insbesondere, wenn eine Entscheidung schnell getroffen werden muss. In einer VUCA-World besteht allerdings die Gefahr, dass die mentalen Modelle, die Sie bisher genutzt haben, nicht mehr funktionieren, dass also eine Lösung, die gestern funktioniert hat, heute nicht mehr funktioniert. Dann führt Ihr Wissen und Ihre Erfahrung zu einer Fehl-Entscheidung, weil Sie nicht berücksichtigen, dass die Situation nur auf den ersten Blick ähnlich zu bisherigen Situationen ist, sicher aber möglicherweise zentrale Rahmenbedingungen verändert haben. Drei Strategien sind hilfreich, um die eigenen mentalen Modelle und deren Passung zu einer Situation zu überprüfen (vgl. Kail 2010b):

Wählen Sie eine neue Perspektive. Stellen Sie die eigenen mentalen Modelle immer wieder infrage, allein und im Team. Eine Möglichkeit ist einen advocatus diaboli einzusetzen. Eine Person übernimmt zeitweise im Team die Rolle, vermeintlich naheliegende und konsensfähige Entscheidungen zu hinterfragen. Der advocatus diaboli bringt dabei ein Außenperspektive ein, in dem er denkt und handelt wie die Konkurrenz, Schwächen und offene Fragen anspricht. Der advocatus diaboli ist eine Rolle, sollte also im Team rotieren. Als Führungskraft sollten Sie diese Rolle explizit machen, und den advocatus diaboli ermutigen, kritische Punkte anzusprechen und gleichzeitig seine Bedeutung für den Erfolg des gemeinsamen Projekts betonen.

Bleiben Sie flexibel. Eine gute Planung ist entscheidend für den Erfolg eines Projekts. Verändern sich die Rahmenbedingungen, kann ein guter Plan schnell wertlos werden. Als Führungskraft kann es Ihnen schwerfallen, einen einmal gefassten Plan infrage zu stellen oder zu verändern, insbesondere wenn Sie viel investiert haben und es „Ihr Plan" ist. Planen Sie deshalb bei jeden Plan ein gewisses Maß an Flexibilität ein; denken Sie über Optionen nach, die es notwendig machen könnten, Ihren Plan zu verändern. Dann fällt es leichter, rechtzeitig eine Veränderung Ihres Planes vorzunehmen.

Schauen Sie nach vorne. Ergebnisse zu bewerten, und zu überprüfen, ob eine Entscheidung richtig war, steigert langfristig die Qualität Ihrer Entscheidungen. Die Gefahr ist allerdings, dass Sie die Bedeutung vergangener Erfahrungen für die Zukunft überschätzen. Ändern sich die Rahmenbedingungen, kann eine Entscheidung, die früher zielführend war, auf einmal falsch sein. Konzentrieren Sie sich deshalb darauf, was Sie in der Zukunft beachten, verbessern oder verändern sollten, statt sich zu lange mit der Frage aufzuhalten, was Sie in der Vergangenheit hätten besser machen sollen. Die Suche nach dem Fehler oder der Ursache für eine Fehlentscheidung benötigt viele Ressourcen und ist in einer VUCA-World im schlimmsten Fall wirkungslos.

In diesem Kapitel wurde bereits darauf eingegangen, wie Führungskräfte auf die bisher dargestellten Veränderungen einer digitalen Revolution regieren können. Diese Ideen werden in diesem *essential* weiter vertieft. Die Grundidee ist dabei ist: Führungskräfte müssen die Veränderungen, die sich durch die Digitalisierung ergeben kennen und verstehen. Daraus ergibt sich im ersten Schritt eine veränderte Haltung im Blick auf die eigene Rolle, auf die Bedeutung und Gestaltung von Hierarchien in Unternehmen und Organisationen, auf Kommunikation und Kooperation. Dieser Aspekt wird unter dem Stichwort wertorientierte Führung im Kap. 5 diskutiert. Erst im zweiten Schritt ergeben sich konkrete Strategien, Verhaltensweisen und Führungswerkzeuge, die zur VUCA-World passen. Das wird Kap. 2 unter dem Stichwort Leadership 4.0 beschrieben und im Kap. 4 mit Fokus auf die Nutzung digitaler Medien dargestellt.

Moderieren statt Management: Ein neues Geschäftsmodell für Führung

2

In diesem Kapitel wird zunächst aus einer praxisorientierten Perspektive diskutiert, was mit dem Begriff „Führung" gemeint ist. Aus der Digitalisierung ergeben sich neue Anforderungen an Führungskräfte. Führungs- und Management-Methoden müssen zur VUCA-World passen. Die Frage nach wirksamer, zielgerichteter und „guter" Führung ist aber zunächst ganz grundsätzlich zu stellen. Darauf aufbauend wird der Begriff Leadership 4.0 genauer definiert und die Haltung, die Führungskräfte ihren Mitarbeitenden, ihren Führungsaufgaben und sich selbst gegenüber einnehmen als Erfolgsfaktor vorgeschlagen. Als Beratungstool für gelingende Leadership 4.0 wird ein Rollenmodell für Führung eingeführt.

2.1 Was ist Führung?

Führung ist kein Selbstzweck. Im unternehmerischen Kontext gilt: Führung ist kein Selbstzweck, keine Aufgabe an sich. Führung ist immer dem übergeordneten Ziel eines Unternehmens untergeordnet. Führung ist notwendig, damit ein Unternehmen bzw. die Mitarbeitenden, die in dem Unternehmen arbeiten, erfolgreich sein können. Das Ergebnis von Führung sind nicht zufriedene Mitarbeiterinnen oder Mitarbeiter, ein aufgeräumter Schreibtisch, eine durchdachte Finanzplanung. Führung ist eine Nebentätigkeit, für die Sie als Führungskraft nicht bezahlt werden.

Denn Führung erzeugt keinen direkten Mehrwert für ein Unternehmen (bzw. für dessen Kunden). Führung ermöglicht, dass ein Unternehmen bzw. die Mitarbeitenden die gesetzten Ziele erreichen kann. Ob Führung gut oder schlecht ist, hat mit Erfolg zu tun. Gute Führung muss sich an der Frage messen lassen, ob ein Unternehmen, eine Organisation erfolgreich ist – als Ergebnis von Führung und vieler anderer Einflussfaktoren.

© Springer Fachmedien Wiesbaden GmbH, ein Teil von Springer Nature 2019
J. Moskaliuk, *Beratung für gelingende Leadership 4.0*, essentials,
https://doi.org/10.1007/978-3-658-23708-0_2

Führung misst sich am Erfolg. Im nächsten Schritt muss definiert werden, was Erfolg ist. Erfolg ist keine festgelegte Größe, sondern wird zwischen Führungskraft und Unternehmen verhandelt. Erfolg kann objektiv messbar gemacht werden, z. B. 30 % Steigerung des Umsatzes oder 10 % weniger Reklamationen. Erfolg kann aber auch mit subjektiven Kriterien bestimmt werden, z. B. die Zufriedenheit der Kunden mit einem Produkt, die Bekanntheit des Unternehmens im Vergleich zur Konkurrenz oder die Nachhaltigkeit eines Produktes. Die Herausforderung dabei sind sich widersprechende Erfolgskriterien. So wird z. B. eine Senkung der Kosten und eine gleichzeitige Steigerung der Qualität eines Produktes in vielen Fällen nicht möglich sein. Die Kriterien für Erfolg, und damit die Messgröße für erfolgreiche Führung, müssen immer wieder diskutiert und reflektiert werden, um erfolgreich Führen zu können. Eine Gefahr dabei ist, interne Erfolgskriterien mit externen zu verwechseln. So sagen z. B. die Zufriedenheit der Mitarbeitenden mit der Führungskraft oder der oben zitierte aufgeräumte Schreibtisch nichts über den Erfolg des Unternehmens mit Blick auf den Markt aus. Erfolg nimmt die Austauschprozesse zwischen Unternehmen und Markt in den Blick und nicht in erster Linie die internen Prozesse.

Führung löst Probleme. Die Definition von Erfolg nimmt die Kunden in den Blick. Ein Unternehmen kann nur bestehen, wenn es Kunden hat. Deshalb greift es zu kurz, Erfolg an monetären Kriterien fest zu machen. Eine hilfreiche Frage ist: Welches Problem löst das Unternehmen? Diese Frage adressiert das Selbstverständnis einer Organisation und bezieht sich auf dessen Daseinsberechtigung. Das Problem, das gelöst wird, stellt also die Bedürfnisse von Kunden in den Mittelpunkt. Ein Unternehmen wird nur am Markt bestehen können, wenn es etwas zu bieten hat, für das Kunden Geld bezahlen. Führung muss also Bezug auf den Markt nehmen, in dem sich ein Unternehmen bewegt, und ständig überprüfen, ob die angebotenen Lösungen zu den Problemen der Kunden passen.

Führung stellt den Kunden in den Fokus. Der Fokus auf den Kunden hat wesentliche Konsequenzen für Führungshandeln und betont nochmals: Führung ist kein Selbstzweck. Führungskräfte müssen die Kunden als zentrale Messgröße im Blick behalten. Es gilt Prozesse und Entscheidungen auf Ihre Wirkung nicht nur innerhalb des Unternehmens zu überprüfen, sondern immer auch auf deren Konsequenz für die Kunden hin. Das trägt dazu bei, ineffiziente und unnötige Prozesse (also solche, die keinen Mehrwert für den Kunden haben, und sich damit nicht auf den Erfolg auswirken) zu identifizieren und anzupassen. Dieses marktorientierte Denken darf dabei nicht mit einer kurzfristigen Orientierung an betriebswirtschaftlichem Erfolg verwechselt werden. Auf die Frage nach dem gelösten Problem und den Bedürfnissen der Kunden gibt es unterschiedliche Antworten. Eine Entwicklungshilfeorganisation löst das Problem „kein sauberes Wasser" und das Bedürfnis Ihrer „Kunden" nach einem menschenwürdigen Leben. Das Erfolgskriterium für Führungskräfte könnte dann die Anzahl der funktionierenden Brunnen oder die Zahl mit sauberen Wasser versorgten Menschen sein – oder das gesteigerte Bewusstsein westlicher Politiker für zentrale Probleme in Entwicklungsländern.

Führung ist Interaktion. Führung ist eine soziale Definition, die nur innerhalb einer Gruppe funktioniert, die eine Person (oder mehrere Personen) als Führung anerkennt. Wo keine Mitarbeitende sind, ist auch keine Führung möglich. Führung weist auf einen Unterschied hin zwischen Mitarbeitenden in einem Unternehmen und den übergeordneten Führungskräften. Das Selbstverständnis und der Erfolg als Führungskraft hängt davon ab, wie die Mitarbeitenden die Führungskraft wahrnehmen, ihre Entscheidungen anerkennen, ihr notwendige Informationen weitergeben, auf ihre Anweisungen reagieren und ihren Ideen folgen. Führung manifestiert sich also in den Austauschprozessen zwischen Führungskraft und Mitarbeitenden (vgl. das Konzept der Transaktiven Führung). Die Führungskraft hängt ihren Mitarbeitenden ab, und deren Akzeptanz ihrer Führung.

2.2 Was ist Leadership 4.0

Der Begriff Leadership 4.0 steht im Kontext des Begriffs **Industrie 4.0.** Er beschreibt die veränderten Möglichkeiten, die sich durch digitale Technologie im Bereich der Produktion ergeben. Jetzt ist es möglich, dass Maschinen und sogar Werkstücke miteinander kommunizieren. Das Regal weiß also z. B. wie viele Ersatzteile noch verfügbar sind und bestellt bei Bedarf direkt beim Lieferanten nach. Oder das Werkstück auf dem Fließband kommuniziert direkt mit dem Roboter, damit dieser die richtigen Teile montiert. Setzt ein Unternehmen auf Industrie 4.0, führt das zu einer Anpassung sämtlicher Prozesse und Strukturen. Im nächsten Schritt werden auch Externe in diesem Prozess eingebunden, z. B. die Lieferanten, die Bestellung eine Maschine automatisiert verarbeiten oder die Kunden, deren Bestellung direkt an die Produktion angebunden wird. Daraus ergeben sich dann neue Geschäftsmodelle, z. B. mit der Möglichkeit industriell gefertigte Produkte nach Kundenwunsch zu individualisieren. Industrie 4.0 bedingt nicht nur technologische Veränderungen, sondern hat auch weitreichende Konsequenzen für den Bereich Human Ressources und Human Factors. Die klassische Unterscheidung zwischen blue colars (also den Arbeiterinnen und Arbeiter die im Blaumann in der Produktion arbeiten) und white colars (also den Ingenieuren und Ingenieurinnen) wird immer mehr aufgelöst. Viele Arbeitsschritte in der Produktion werden durch Maschinen ersetzt werden, dafür werden mehr Aufgaben im Bereich der Planung und Steuerung anfallen. Vielleicht haben wir es mit einer weiteren industriellen Revolution zu tun, die zu weitreichenden Veränderungen in unserer Gesellschaft führen wird. Außerdem werden neue Geschäftsmodelle entstehen, wenn z. B. ein Produkt eng mit einer Dienstleistung verknüpft ist (Die Maschine weiß, wann sie gewartet werden muss, und kümmert sich selbst darum.) oder Unternehmen ohne eigene Produktion einfach mit neuen Produkten in den Markt eintreten können.

Der Begriff Industrie 4.0 beschreibt einen technologischen Trend, der zu einer radikalen Veränderung von Geschäftsmodellen und Wertschöpfungsketten führt. Unter diesen Rahmenbedingungen findet Führung heute statt. Der Begriff Leadership 4.0 bezieht sich auf die Frage, welche Kompetenzen für die Veränderungen notwendig sind. Führungskräfte müssen technologischen Veränderungen – und die Konsequenzen, die sich auf allen Ebenen der Gesellschaft und in allen Bereichen eines Unternehmens daraus ergeben – kennen und darauf reagieren. Das ist mit dem Leadership 4.0 gemeint. Daraus ergibt sich im zweiten Schritt, dass eine ganze Reihe klassischer Führungsinstrumente (von Zielvereinbarungen, über Jahresgespräche bis zu Leistungsbeurteilung) in einer digitalisierten Welt wirkungslos bleiben. Anders formuliert: Die organisationalen Strukturen und Rahmenbedingungen in einem Unternehmen passen nicht mehr zu einer digitalisierten Gesellschaft sowie den Gewohnheiten und Anforderungen der Mitarbeitenden. Drei Beispiele:

1. In vielen Unternehmen gibt es klare Regelungen, wie und wo Dokumente und Daten abgelegt werden sollen. Damit werden Datensicherheit, Datenschutz und Datenverfügbarkeit sichergestellt. Nun möchte ein Mitarbeiter Informationen mit Kolleginnen austauschen, Dokumente für Externe verfügbar machen oder zuhause an einer Datei weiterarbeiten. Was liegt näher als Dropbox oder ähnliches für den schnellen und einfachen Austausch von Dateien zu nutzen. Wie reagieren Sie als Führungskraft? Verbieten Sie die Nutzung dieser Tools, und riskieren Sie damit möglicherweise, dass Ihre Mitarbeitenden weniger effizient und motiviert arbeiten?

2. Ihre Mitarbeitende sind es gewohnt, schnell und flexibel über soziale Netzwerke (z. B. Facebook) oder Messenger (z. B. WhatsApp) zu kommunizieren. Das ermöglicht eine schnelle Kommunikation und eine ständige

Erreichbarkeit. Wie passt diese Art zu kommunizieren in die formalen, hierarchischen Strukturen einer Organisation? Können Sie als Führungskraft von dieser flexiblen Art zu kommunizieren profitieren, oder führt das eher zu einer unstrukturierten und ineffizienten Zusammenarbeit? Sind Sie selbst als Führungskraft ständig erreichbar?
3. Als Führungskraft geben Sie die strategische Ausrichtung Ihres Teams oder Ihres Unternehmens vor und z. B. fixieren diese im Rahmen von regelmäßigen Mitarbeitergesprächen als Zielvereinbarungen. Nun ist es in einem dynamischen Markt immer schwerer, langfristige und verbindliche Entscheidungen zu treffen. Wie gehen Sie damit um, dass Sie Ihre strategischen Vorgaben korrigieren müssen, oder sich Entscheidungen als falsch herausgestellt haben? Wie können Sie Ihr Team in Entscheidungsprozesse einbeziehen, um auf Veränderungen im Markt zu reagieren, ohne die grundlegende Ausrichtung Ihres Unternehmens ständig infrage stellen zu müssen?

Der Begriff Leadership 4.0 meint also: Führungsverhalten muss zu den Anforderungen einer digitalisierten Welt passen. Wir könnten das auch „Digital Leadership" nennen – und meinen damit nicht nur, als Führungskraft digitale Medien für Kommunikation und Kooperation zu nutzen, sondern eben auch, das eigene Führungsverhalten an die Anforderungen der Realität, einer digitalen Realität an zu passen. Die Führungsmethoden und Führungsstrategien, die in diesem Kontext hilfreich und zielführend sind, sind nicht neu. Unter Schlagwörtern wie wertorientierte Führung, Full-Range Leadership, Servant Leadership oder Transformationaler Führung werden moderne Führungskonzepte diskutiert, die eine situationsbezogene, mitarbeiterfokussierte und motivationsfördernde Führung in den Blick nehmen. Was neu ist: Durch die Digitalisierung entsteht neuer Handlungsdruck. Unternehmen fordern von ihren Führungskräften, die Veränderungen, die sich durch die Digitalisierung ergeben, mitzugestalten. Der Begriff Leadership 4.0 ist deshalb auch ein Statement: Der durch die Digitalisierung begonnene Veränderungsprozess Industrie 4.0 wird in einem Unternehmen nur erfolgreich sein, wenn sich auch Führungsstrategien, Führungsmethoden und die Haltung der Führungskräfte anpassen. Damit wird klar: Leadership 4.0 bezeichnet auch eine innere Haltung oder Einstellung die Führungskräfte ihre Führungsaufgabe gegenüber haben, wie sie sich selbst und andere sehen, und welche Rolle und Funktion sie in ihrem Team, in ihrer Abteilung, in ihrem Unternehmen einnehmen.

2.3   Beratungstool: Drei Rollen für Leadership 4.0

Das im Folgenden vorgestellte Beratungstool zielt auf diese innere Haltung oder Einstellung ab, die Führungskräfte einnehmen, wenn sie ihre Führungsaufgaben wahrnehmen. Der Begriff *Rolle* stammt aus dem Theater: Schauspielerinnen und Schauspieler spielen eine Rolle. Sie stellen eine Figur dar, indem sie deren Verhalten übernehmen und gestalten. In der Sozialpsychologie wird der Begriff Rolle oder soziale Rolle verwendet, um eine bestimmte Position, einen Status oder ein Verhaltensmodell zu beschreiben. Rollen sind vom sozialen Umfeld bzw. von der Gesellschaft abhängig. Mit einer Rolle sind bestimmte Erwartungen an Verhalten, Handlungen und Werte verbunden. Jeder Mensch hat zahlreiche Rollen, die stark vom Kontext abhängen. In der Familie nimmt eine Person typischerweise andere Rollen ein als in ihrem Berufsleben. Auch bei der Führung kommen unterschiedliche Rollen vor. Tatsächlich sind die Ansprüche an die Anzahl und Flexibilität der Rollen bei einer Führungskraft noch höher als bei den Mitarbeitenden. Jemand in leitender Position soll beispielsweise empathisch und persönlich auf die Bedürfnisse der Angestellten eingehen, etwa beim Schlichten von Konflikten. Gleichzeitig muss das Unternehmen mit einem zukunftsorientierten Blick geführt werden, der Innovation ermöglicht. Und natürlich wird auch fachliche Expertise erwartet. Das sind nur einige Beispiele für die Rollen einer Führungskraft, die Liste ist unbegrenzt.

Diese Rollen sind Strategien für die Kommunikation von Führungskräften. Das Beratungstool nutzt drei zentrale Führungsrollen, um Führungsverhalten zu reflektieren und weiterzuentwickeln. Dahinter steht die Idee, dass es kein richtig oder falsch gibt in Bezug auf Führungsverhalten. Eine gute Führungskraft muss situativ führen. Das bedeutet: Effiziente Kommunikation hängt von der Person ab, mit der kommuniziert wird und von der Zielsetzung der Führungskraft. Führungsrollen unterstützen dabei, für die entsprechende Situation passende Verhaltensweisen und Kommunikationsstrategien auszuwählen. Außerdem helfen Sie dabei Führungsverhalten zu reflektieren und weiterzuentwickeln. Sie können als unterstützendes Muster dienen, um das optimale Vorgehen für eine Situation zu wählen, also Führungsverhalten an Situation, Person und Anliegen anzupassen. Das Beratungstool „Rollen für Leadership 4.0:" nutzt die Aufteilung in drei relativ klare Rollen: *In der Rolle des **Managers** benutzen Sie **Methoden,** um zum Ziel zu kommen. Sie wenden Ihre fachliche Expertise an. Der Manager geht klar und strukturiert vor. Sie haben ein eindeutiges und messbares Ziel vor Augen (zum Beispiel: Produktionskosten um 1 % senken) und müssen nur noch die richtigen Mittel und Wege herausfinden, um dieses Ziel zu erreichen. Sie machen den Mitarbeitenden klare Vorgaben und überprüfen, ob die Ziele erreicht* *werden können. Als **Coach** nehmen Sie eine beratende und begleitende Rolle ein. Der Fokus liegt auf dem Prozess, und nicht dem Ergebnis. Ihr Ziel ist es, die Mitarbeitenden dabei zu unterstützen, das eigene Potential zu entwickeln und selbstständig Lösungen zu finden. Als Coach sind Sie immer dann gefragt, wenn es um **Kommunikation** geht. Sie schlichten, motivieren, greifen bei persönlichen Problemen der Mitarbeitenden ein und geben ihnen Raum für die eigene Entwicklung. Als **Leader** entwerfen Sie **Visionen** für Ihr Unternehmen und arbeiten am Großen Ganzen. Hier geht es darum, die gemeinsamen Werte des Unternehmens oder der Organisation transparent zu machen und das „große Ganze" im Blick zu behalten. Ihre Ziele als Leader sind weniger greifbar als die des Managers (z. B. Service-orientiertes Unternehmen oder nachhaltiges Design). In der Rolle Leader geben Sie auch die übergeordneten Ziele für die Rollen Manager und Coach vor. Dafür benötigen Sie insbesondere Kreativität.*

Ziel des Beratungstools ist eine Balance zwischen den Rollen. Vielleicht hat eine Führungskraft reichlich Visionen vom Leader, doch keiner weiß, wie die tollen Ideen umgesetzt werden können. Es fehlt das strukturierte Vorgehen des Managers. Oder der Manager kommuniziert effizient, es fehlt aber Blick fürs große Ganze und das Charisma, Mitarbeitende zu motivieren. Das Tool unterstützt, alle drei Rollen einzusetzen und zu analysieren, wo Entwicklungsbedarf besteht. Dazu wird anhand einer konkreten (vergangenen oder zukünftigen) Situation analysiert, wie sich aus den drei Rollen unterschiedliche Verhaltensoptionen und Kommunikationsstrategien ergeben. Die Führungsrolle, die gezeigt wird, muss zur Situation, zum Mitarbeitenden und dem Anliegen passen. Dabei sind auch strategischen Überlegungen relevant: Wann führt welche Rolle zum gewünschten Erfolg?

Mit Unsicherheit umgehen und auf Veränderung reagieren

Die im Beratungstool „Drei Rollen für Leadership 4.0" beschriebenen Rollen für Führungskräfte unterstützen dabei, Führungsverhalten zu reflektieren, kritische Führungssituationen zu hinterfragen und konkrete Strategien abzuleiten. Aus dem vorgestellten Rollenmodell lassen sich im nächsten Schritt zentrale Aufgaben definieren, die Führungskräfte im beruflichen Alltag zu bewältigen haben. Diese Aufgaben für Führungskräfte sind jeweils an der Schnittstelle zwischen zwei Rollen verortet. Das macht klar, dass die vorgestellten Rollen keine Persönlichkeitstypen sind, sondern Konzepte für unterschiedliche Aspekte des Führungshandelns. Die Rollen müssen flexibel genutzt werden, um die unterschiedlichen Aufgaben für Führungskräfte zu bewältigen. In Abhängigkeit von der Führungsaufgabe ist eine unterschiedliche Kombination der Rollen notwendig und zielführend. Diese Ideen zeigt Abb. 3.1.

3.1 Führungsaufgaben für Leadership 4.0

Im Folgenden werden sechs zentrale Aufgaben für Führungskräfte im Überblick vorgestellt. Grundlage sind die Ideen von Reinhard K. Sprenger (2012), der in einem der wichtigsten Bücher zu Management und Führung der letzten Jahre mit dem Titel „Radikal führen" fünf Kernaufgaben einer Führungskraft diskutiert hat. Bei jeder Führungsaufgabe wird jeweils kurz diskutiert, welche Veränderungen sich für Leadership 4.0 ergeben.

Konflikte wahrnehmen und entscheiden. Konflikte können die Arbeitsfähigkeit eines Teams oder einer Organisation als Ganzes gefährden. Im Gegensatz zu konstruktiven Konflikten, die zu neuen Ideen führen und das Team voranbringen

© Springer Fachmedien Wiesbaden GmbH, ein Teil von Springer Nature 2019
J. Moskaliuk, *Beratung für gelingende Leadership 4.0*, essentials,
https://doi.org/10.1007/978-3-658-23708-0_3

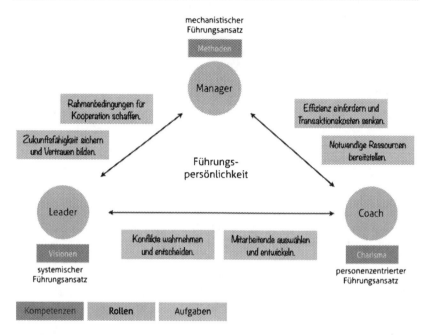

Abb. 3.1 Führungskräfte müssen Führungsrollen flexibel nutzen, um zentrale Führungsaufgaben zu bewältigen

können, wirken sich insbesondere Verteilungskonflikte (in denen z. B. über räumliche oder finanzielle Ressourcen gestritten wird) oder Beziehungskonflikte
(in denen keine echte Sachfrage mehr zu lösen ist) langfristig auf den Erfolg
eines Teams und damit der ganzen Organisation aus. Hier ist die Führungskraft
gefragt und muss Konflikte, vor allem, wenn sie verdeckt ablaufen, erkennen,
ansprechen und Lösungen erarbeiten. Auch wenn Mitarbeitende im Blick auf das
gemeinsame Ziel nicht zu einer Einigung kommen, oder die Verhandlung unterschiedlicher Lösungen nicht erfolgreich ist, sollte die Führungskraft eingreifen.
Um die Funktionsfähigkeit der Organisation zu erhalten, muss die Führungskraft entscheiden, ob ihre Mitarbeitenden einen Konflikt lösen können, oder sie
als Führungskraft gefordert sind. Im nächsten Schritt bezieht sich die Lösung
von Konflikten auch auf Sachfragen, die unabhängig von den beteiligten Personen sind: Soll das Unternehmen in den asiatischen Markt expandieren oder die
Präsenzen in Europa ausweiten (Zielkonflikt)? Soll der Kundenservice inhouse

bleiben oder an einen Dienstleister outgesourced werden (Lösungskonflikt)? Zentrale Aufgabe für Führungskräfte ist, Entscheidungen zu treffen – auch unter Zeitdruck, wenn die Entscheidung nicht eindeutig ist, oder widersprüchliche Informationen vorliegen.

Was sich verändert: Hier sind zwei Aspekte zu nennen. Erstens führt eine höhere Diversität in einem Team (vgl. Kap. 6) oft auch zu einem höheren Bedarf unterschiedliche Meinungen, Sichtweisen und Erfahrungen wahrzunehmen und zu integrieren. Nur wenn eine Führungskraft Konflikte und Störungen wahrnimmt und aufgreift, kann die Diversität in einem Team oder einer Organisation ihr volles Potential entfalten. Zweitens kann Volatilität, Unsicherheit, Komplexität und Ambiguität das Lösen von Konflikten auf einer Sachebene ebenfalls erschweren, z. B. wenn unterschiedliche Meinungen über die Bewertung von Informationen bestehen, oder die Folgen einer Entscheidung unterschiedlich wahrgenommen werden.

Mitarbeitende auswählen und entwickeln. Je nach Größe des Unternehmens ist für die Auswahl von Mitarbeitenden in der Regel eine Personalabteilung zuständig. In Zeiten eines zunehmenden Mangels an gut ausgebildeten Fachkräften, hängt der Erfolg einer Organisation davon ab, ob sie genügend gute Mitarbeitende findet. Deshalb ist die Auswahl von Mitarbeitenden eine zentrale Führungsaufgabe, insbesondere im Blick auf die strategische Planung der Personalarbeit. Die Führungskraft muss entscheiden, welche Qualifikationen und Kompetenzen ihre Mitarbeitenden benötigen, wo sie diese Mitarbeitenden finden, und wie sie davon überzeugt werden können, sich für eine Mitarbeit in Ihrer Organisation zu bewerben.

Im nächsten Schritt geht es um die Entwicklung der Mitarbeitenden. Das bezieht sich zum einen auf fachliche Aspekte, also z. B. die Frage, ob eine Mitarbeiterin einer Arbeitsaufgabe gewachsenen ist, oder weitere Kompetenzen notwendig sind, die durch Weiterbildungen oder Trainings erworben werden können. Zum anderen geht es um soziale, kommunikative und persönliche Kompetenzen. Das betrifft auch die Frage, ob die Mitarbeitenden in einem Team zueinander passen, sich ergänzen und gut zusammenarbeiten können. Eine wichtige Aufgabe für Führungskräfte ist deshalb, Gespräche mit Mitarbeitenden zu führen, Arbeitsleistung zu bewerten, Entwicklungsmöglichkeiten zu identifizieren und diese dann auch anzustoßen.

Was sich verändert: In vielen Bereichen wird es immer schwieriger, geeignete Mitarbeitende zu finden. Vor der Personalauswahl wird deshalb das Personalmarketing eine immer wichtigere Aufgabe, um als Unternehmen langfristig bei potentiellen Mitarbeitenden bekannt und attraktiv zu bleiben. Dazu kommt, dass die Kompetenzen und das Wissen, das für eine Arbeitsaufgabe notwendig ist, oft nicht mehr vorab definiert werden kann. Führungskräften wissen dann gar nicht, welche Mitarbeitenden eigentlich genau gesucht werden. Deshalb werden übergreifende Kompetenzen immer wichtiger, z. B. die Fähigkeit, sich zügig neues Wissen anzueignen oder mögliche Herausforderungen zu erkennen und zu lösen.

Notwendige Ressourcen bereitstellen. Damit eine Organisation bzw. die Mitarbeitenden der Organisation erfolgreich arbeiten können, müssen die dafür notwendigen Ressourcen bereitgestellt werden. Das bezieht sich zunächst auf die grundlegenden Voraussetzungen für die Arbeit, z. B. die entsprechenden Räume, Geräte, Maschinen, Arbeitsmaterialien. Auch ausreichende Zeit für die Erledigung einer Aufgabe ist eine wichtige Ressource, genauso wie die persönlichen Voraussetzungen der Mitarbeitenden. Das stellt den Bezug zur Kernaufgabe *Mitarbeitende auswählen und entwickeln* her: Wenn eine Aufgabe mit den verfügbaren Mitarbeitenden nicht oder nicht zufriedenstellend gelöst werden kann, ist die Führungskraft gefragt. Die Führungskraft setzt nicht nur Ziele und überwacht, ob die Ziele erreicht werden konnten. Sie ist auch dafür verantwortlich, die entsprechenden Rahmenbedingungen innerhalb der Organisation zu schaffen, um die Ziele zu erreichen.

Was sich verändert: Oft ist zu Beginn noch nicht klar, welche Ressourcen für eine Aufgabe oder ein Projekt notwendig sind. Führungskräfte benötigen deshalb für diese Führungsaufgabe eine hohe Flexibilität und die Fähigkeit, rechtzeitig wahrzunehmen, wenn Ressourcen fehlen. Und: Mitarbeitende erwarten zunehmend, dass Arbeitsaufgaben zum eigenen Interesse, zu den eigenen Fähigkeiten und Werten passen. Damit wird intrinsische Motivation zu einer persönlichen Ressource, die Führungskräfte berücksichtigen müssen.

Effizienz einfordern und Transaktionskosten senken. Diese Kernaufgabe für Führungskräfte nimmt alle Prozesse innerhalb einer Organisation in den Blick. Dabei geht es insbesondere um Prozesse, die nicht direkt mit dem Kunden zu tun haben, also den oben definierten Erfolgskriterien für Führung. Ein Beispiel wären formale Prozesse wie zum Beispiel das Ausfüllen eines Urlaubsantrages, das Anfertigen einer Reisekostenabrechnung oder das Erstellen einer Präsentation über den Geschäftserfolg im vergangen Quartal. Diese Prozesse sind notwendig für das Funktionieren einer Organisation, erzeugen aber keinen direkten Mehrwert. Im Gegenteil: Sie kosten Geld. Deshalb müssen Führungskräfte sorgfältig überprüfen, ob Prozesse effizienter gestaltet werden können, und diese Effizienz von ihren Mitarbeitern einfordern. Hier ist das Konzept der Transaktionskosten hilfreich. Dieses Konzept bezieht sich zunächst auf marktbezogenen Austauschprozesse. Wenn ein Unternehmen einem Kunden ein Produkt verkauft (also eine Transaktion vornimmt), dann entstehen dafür Kosten (z. B. für den Transport, Beratungsgespräche, oder für den Rechtsanwalt, der den Kaufvertrag erstellt). Diese Kosten müssen von den Einnahmen abgezogen werden. Übrig bleibt der Gewinn. Auch innerhalb einer Organisation entstehen Märkte, wenn z. B. Abteilung A von Abteilung B eine Dienstleistung bezieht (z. B. die Marketingabteilung für die Forschungsabteilung aktuelle Verkaufszahlen zusammenstellt). Transaktionskosten sind Kosten, die für Austauschprozesse innerhalb einer Organisation entstehen, und sich z. B. aus Kommunikation zwischen unterschiedlichen Abteilungen ergeben. Immer wenn der Auftraggeber also Teil der Organisation ist, zu der auch der Auftragnehmer gehört müssen Führungskräfte besonders auf die Notwendigkeit und die Effizienz dieser Prozesse achten.

Was sich verändert: Der Einsatz digitaler Technologien kann zu einer Effizienzsteigerung beitragen. Gleichzeitig können dadurch neue Transaktionskosten entstehen, z. B. für die Schulung von Mitarbeitenden, die Behebung von Fehlern oder wenn unnötige Prozesse digital abgebildet werden. Eine wesentliche Aufgabe für Führungskräfte ist deshalb, Prozesse und Abläufe immer wieder kritisch in den Blick zu nehmen und auch nicht-digitale Lösungen zu nutzen, wenn diese schneller, fehlerfreier oder einfacher sind.

Rahmenbedingungen für Kooperation schaffen. Komplexe Aufgaben lassen sich nur im Team lösen. Der Erfolg eines Unternehmens hängt also davon ab, ob Mitarbeitende zielführend miteinander kooperieren. Nur wenn unterschiedliches Wissen, unterschiedliche Erfahrungen, unterschiedliche Blickwinkel und Einstellungen aufeinandertreffen, verhandelt werden, und sich gegenseitig befruchten, sind innovative Lösungen und deren erfolgreiche Umsetzung möglich. Führungskräfte sollten die Kooperation der Mitarbeitenden untereinander einfordern und immer wieder klarmachen, dass die Zusammenarbeit die Voraussetzung für Erfolg ist – und auch als Führungskraft Kooperationsfähigkeit vorleben. Schon bei der Auswahl von Mitarbeitenden ist die Frage nach der Kooperationsfähigkeit zentral. Das bezieht sich zum einen auf die Kompetenz, mit anderen Menschen zusammenarbeiten zu können, eigenes Wissen zu teilen und gemeinsam eine Lösung zu erarbeiten, nimmt aber auch motivationale Aspekte in den Blick. Möchte eine Mitarbeiterin tatsächlich mit anderen zusammenarbeiten? Außerdem müssen Führungskräfte die Rahmenbedingungen für Kooperation beachten: Sind die Arbeitsaufgaben so gestellt, dass Kooperation notwendig und zielführend ist? Sind die Belohnungs- und Gehaltsstrukturen auf Kooperation ausgerichtet, oder werden Einzelkämpfer belohnt? Sind die zeitlichen und räumlichen Voraussetzungen gegeben, damit Kooperation möglich ist?

Was sich verändert: In einer digitalen Welt bezieht sich Kooperation immer auch auf die Nutzung digitaler Medien. Eine Führungskraft muss deshalb Möglichkeiten und Grenzen digitaler Medien für Kommunikation und Kooperation kennen, und auch bei der computerbasierten Kommunikation (vgl. Kap. 4) auf die notwendigen Kompetenzen der Mitarbeitenden achten, Rahmenbedingungen gestalten, den Zugang zu passenden Werkzeugen ermöglichen, sowie Normen und Strategien etablieren.

Zukunftsfähigkeit sichern und Vertrauen bilden. Führungskräfte müssen die Zukunft ihrer Organisation im Blick behalten. Denn der Erfolg einer Organisation hängt nicht nur von den inneren Voraussetzungen ab, also z. B. von effizienten Prozesse oder kooperativ arbeitenden Teams, sondern auch von den Anforderungen des Marktes. Führungskräfte müssen sich ständig fragen, ob die Lösungen, die sie für ihre Kunden zu bieten haben, vorhandene Probleme lösen. Die Wünsche und Bedürfnisse, die Kunden haben, ändern sich ständig und sind auch von technologischen, gesellschaftlichen und politischen Entwicklungen abhängig. Wenn Unternehmen diese Entwicklungen verschlafen, können sie keine angemessene Reaktion darauf planen und umsetzen. Um die Zukunftsfähigkeit zu sichern, müssen Führungskräfte deshalb auch die Konkurrenz im Blick haben, um notwendige Veränderungen rechtzeitig einleiten zu können. Daraus ergibt sich als zweiter Aspekt dieser Führungsaufgabe: Vertrauen bilden. Das Vertrauen in die Leistungsfähigkeit einer Organisation bezieht sich dabei zuerst auf deren Kunden. Eine Organisation kann nur so lange erfolgreich sein, wie der Markt auf die angebotenen Lösungen vertraut. Dafür braucht ein Unternehmen notwendigerweise auch das Vertrauen der Mitarbeitenden in die Marktfähigkeit der eigenen Organisation und damit in die Führung. Das wird nur gelingen, wenn Führungskräfte transparent und offen, und gleichzeitig überzeugt kommunizieren.

Was sich verändert: In der VUCA-World sind die technologischen, gesellschaftlichen und politischen Entwicklungen schneller und unvorhersehbarer. Insbesondere disruptive Technologien, die bestehende Technologien,

Produkte oder Dienstleistungen ersetzen und damit vom Markt verdrängen, können auch für etablierte Unternehmen zur Herausforderung werden. Um die Zukunftsfähigkeit zu sichern, können deshalb auch grundlegende Veränderungen in der Ausrichtung eines Unternehmens notwendig sein.

3.2 Beratungstool: Improvement Kata

In diesem Abschnitt wird die Improvement Kata vorgestellt, die sich als ein konkretes Führungswerkzeug für Leadership 4.0 eignet. Die Improvement Kata (Rother 2013) ist eine Coaching-Methode, die auf die ständige Weiterentwicklung und Verbesserung hinzielt. Entwickelt wurde sie beim japanischen Automobilkonzern Toyota. Die eigentliche Kata ist eine vom Inhalt unabhängige Routine, die durch ständigen Anwenden die Mitarbeitenden dabei unterstützt, auf Unsicherheiten, Probleme, Schwierigkeiten und Veränderungen produktiv und kreativ zu reagieren. Der Begriff Kata stammt aus japanischen Kampfsportarten und beschreibt festgelegte Abfolgen von Bewegungen meistens in einem Kampf gegen einen imaginären Gegner, die durch ständiges Üben trainiert werden und so zur Routine werden.[1] Die ursprünglich für die Produktion entwickelte Methode lässt sich als Beratungstool einsetzen, um konkrete Methoden für Leadership 4.0 zu trainieren.

Abb. 3.2 visualisiert die Grundidee: Zu Beginn steht die Definition des Nordsterns (engl.: true north). Hier wird eine langfristige Vision oder ein idealer Zielzustand beschrieben, der Prozesse, Verhalten der handelnden Personen und wünschenswerte Ergebnisse definiert. Dieser Nordstern gibt die Richtung vor und motiviert. Dann wird der aktuelle Ist-Zustand bewertet, sowie der Ziel-Zustand festgelegt. Dabei kommt es darauf an, den nächsten Zielzustand so zu wählen, dass er realistischer Weise erreicht werden kann. Dieser Ziel-Zustand ist also nicht der Nordstern, sondern ist ein Schritt auf dem Weg dorthin. Als letzten Schritt werden aktuelle Hürden analysiert, die zwischen Ist-Zustand und Ziel-Zustand liegen. Ist der nächste Ziel-Zustand erreicht, wird überprüft ob dieser auf dem Weg zum Nordstern liegt, oder das erreichte Ergebnisse eher in eine falsche Richtung deutet. Die Grundidee ist der Improvement Kata ist einfach und gut anwendbar. Die Herausforderung ist, die damit verbundene Grundhaltung in

---

[1]Ausführliche Hinweise zur Anwendung inkl. Vorlagen und Leitfäden finden Sie unter http://verbesserungskata.de.

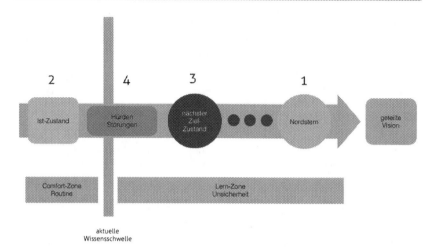

Abb. 3.2 Das Improvement Kata beginnt mit der Definition des Nordsterns, der Vision, die erreicht werden soll

einem Team und einer Organisation konsequent umzusetzen indem 1) der Nordstern als zentrale, handlungsleitende und motivierende Vision immer wieder geklärt, kommuniziert und überprüft wird, 2) konsequent von einem Ziel-Zustand zum nächsten geplant wird und bei jedem erreichten Ziel-Zustand dessen Passung zum Nordstern in den Blick genommen wird 3) der nächste Ziel-Zustand jeweils klar und konkret definiert wird, um messbar zu machen, ob ein Ziel erreicht ist oder nicht.

Im Rahmen von Beratungs- und Coaching-Prozessen kann die Anwendung der Improvement-Kata trainiert werden. Dazu bietet sich ein Üben zu dritt an: Fallgeber, Coach und Beobachter.

Der Fallgeber bringt ein Anliegen ein und übernimmt dann die Rolle der Mitarbeiterin oder des Mitarbeiters. Der Coach übernimmt die Rolle der Führungskraft und wendet die Improvement Kata an. Der Beobachter unterstützt innerhalb des Prozesses und gibt im Anschluss Rückmeldung. Unter leadership365.de/improvement_kata finden Sie einen Leitfaden zur Anwendung der Improvement-Kata.

Bei einfachen Routine-Aufgabe hat die Führungskraft eher eine kontrollierende Funktion, hier ist die Rolle Manager gefragt. Beim Festlegen des Nordsterns ist die Rolle des Leaders hilfreich: Hier geht es darum eine Vision zu entwickeln, und in Kauf zu nehmen, dass Lösungswege und zielführende Strategien noch nicht

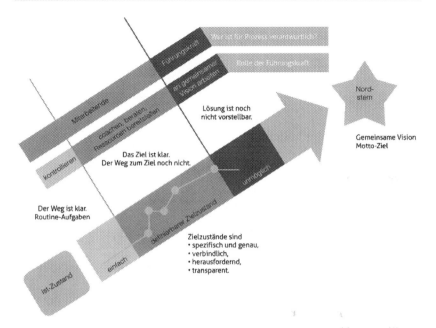

Wer ist für Prozess verantwortlich?

Rolle der Führungskraft

Führungskraft

am gemeinsamen Vision arbeiten

Mitarbeitende

Coachen, beraten, Ressourcen bereitstellen

Nord-stern

Lösung ist noch nicht vorstellbar.

Gemeinsame Vision Motto-Ziel

kontrollieren

Das Ziel ist klar. Der Weg zum Ziel noch nicht.

unmöglich

Der Weg ist klar. Routine-Aufgaben

erreichbarer Zielzustand

Zielzustände sind
• spezifisch und genau,
• verbindlich,
• herausfordernd,
• transparent.

Ist-Zustand

einfach

Abb. 3.3 Welche Rolle hat eine Führungskraft auf dem Weg vom Ist-Zustand zum Nordstern

klar sind. Beim Weg vom Ist-Zustand zum nächsten Ziel-Zustand ist die Rolle des Coaches gefragt, der die Mitarbeitenden dabei unterstützt, auftretende Hürden und Schwierigkeiten zu lösen. Diese Ideen sind in Abb. 3.3 dargestellt.

Technik vs. Mensch: Kommunikation mit digitalen Medien

4

Grundlegende gesellschaftliche und soziale Veränderungen, die sich aus der Digitalisierung ergeben, wurden bereits im ersten und zweiten Kapitel dargestellt. In diesem Abschnitt steht die medienbasierte Kommunikation zwischen zwei oder mehr Personen im Zentrum. Im Gegensatz zur direkten Face-to-Face-Kommunikation wird bei der medienbasierten Kommunikation ein technologisches Medium zum Übertragen von Nachrichten genutzt. Der Schwerpunkt in diesem Kapitel liegt auf der Nutzung digitaler Medien zur Kommunikation, also z. B. E-Mail, Skype, Trello oder Slack. Dabei wird zunächst die Frage diskutiert, welche Besonderheiten sich aus der medienbasierten Kommunikation ergeben, im Vergleich zur Face-to-Face-Kommunikation. Dann werden Vorschläge zur effizienten Mediennutzung diskutiert, die zur weiteren Reflektion anregen sollen. Zum Abschluss des Kapitels wird ein Beratungstool zur effizienten Nutzung digitaler Medien vorgestellt.

4.1 Kommunikation mit digitalen Medien ist weniger reichhaltig

Der reduced social cues-Ansatz (Kiesler et al. 1984) beschreibt fehlende soziale Hinweisreize als ein Merkmal medienbasierter Kommunikation im Vergleich zur Face-to-Face-Kommunikation. Der Ansatz bezieht sich zunächst auf die rein textbasierte Kommunikation z. B. per E-Mail oder über Chat. Hier fehlen Hinweise auf Körpersprache, Mimik und Gestik oder Sprachmelodie, auch der Status des Gegenübers (z. B. Kleidung, Haltung, Aussehen) und dessen Emotionen können nicht oder nur eingeschränkt wahrgenommen werden. Dadurch wird Kommunikation anonymer, eigenes Verhalten wird deshalb weniger kontrolliert. In

J. Moskaliuk, *Beratung für gelingende Leadership 4.0*, essentials,
https://doi.org/10.1007/978-3-658-23708-0_4

der Folge zeigt sich antisoziales Verhalten. Erfahrungen mit Hasskommentaren, Beschimpfungen, Mobbing und Hetze in sozialen Netzwerken scheinen diese Annahmen zu bestätigen. Gleichzeitig können aber auch positive Effekte beobachtet werden, z. B. wenn durch die fehlenden Statusunterschiede die Kommunikation gleichberechtigter wird oder durch fehlende Ablenkungen eine stärkere Fokussierung auf ein Sachthema möglich wird. Neuere Theorien (z. B. Spears und Lea 1994) differenzieren diese Annahmen und gehen davon aus, dass die fehlenden Hinweisreize nicht automatisch zu antisozialem und weniger reflektiertem Verhalten führen. Vielmehr kann durch die Gestaltung eines Medium gesteuert werden, ob eher die personale oder eher die soziale Identität salient, d. h. bedeutsam wird. Die soziale Identität bezieht sich auf die Zugehörigkeit zu einer Gruppe (die z. B. durch die Betonung von Gemeinsamkeiten bedeutsam wird), die personale Identität auf individuelle Eigenschaften, Interessen und Werte (die z. B. durch Betonung individueller Unterschiede bedeutsam wird). Bei der anonymen Kommunikation wird die jeweils bereits bedeutsame Identität weiter verstärkt: Ist die soziale Identität salient, verstärkt die Anonymität die Normen und Werte der Gruppe – was auch positive Wirkungen haben kann. Ist die Norm in einer Gruppe z. B. sich aktiv und motiviert an der Zusammenarbeit zu beteiligen, überträgt sich bei einer salienten sozialen Identität auf die beteiligten Personen. Ein weiterer Faktor ist die fehlende Identifizierbarkeit einzelner Personen. Bin ich als Individuum in einer Gruppe nicht erkennbar, wird dadurch die personale Identität gestärkt: Ich orientiere ich mich in meinem Verhalten eher an eigenen Normen und Werten. Ist die Identifizierbarkeit dagegen hoch, werden die Normen und Werte der Gruppe bedeutsamer, da ich Sanktionen befürchten muss. Eine defizitäre Sichtweise, die medienbasierte Kommunikation im Vergleich zur Face-to-Face-Kommunikation grundsätzlich als weniger reichhaltig und deshalb für die Kommunikation als weniger geeignet sieht, ist für die Praxis nur eingeschränkt hilfreich. Die verfügbaren digitalen Kommunikationsmedien wie z. B. Messenger, Video-Chats oder virtuelle 3D-Umgebungen sind kaum mehr mit der in den 1980er-Jahren verfügbaren Kommunikationsmedien vergleichbar und unterscheiden sich in ihren Möglichkeiten auch deutlich voneinander. Die Unterscheidung zwischen medienbasierter vs. nicht-medienbasierter Kommunikation nicht ausreichend. Vielmehr muss für einzelnen Medien und für die spezifische Nutzung der Medien (z. B. mit oder ohne Video in einem Skype-Telefonat) beschrieben werden, welche Eigenschaften Einfluss auf die Kommunikation haben. Außerdem sollte beachtet werden, dass die einzelnen Medieneigenschaften nicht generell förderlich oder hinderlich sind, sondern letztlich die Passung zwischen Medium und Kommunikationsaufgabe zentral ist. Das wird im Beratungstool im Abschn. 4.3 thematisiert.

Die Anonymität und Identifizierbarkeit wurden bereits dargestellt. Im Folgenden weitere Medieneigenschaften genannt, sie sich zur Beschreibung und Analyse von Vor- und Nachteilen der medienbasierten Kommunikation eigenen.

Die Medieneigenschaften *Sichtbarkeit und Hörbarkeit* beziehen sich auf die verfügbaren Sinneskanäle und sind eng mit den Eigenschaften Anonymität und Identifizierbarkeit verknüpft. Je mehr Sinneskanäle verfügbar sind (z. B. Video-Konferenz vs. Text-Chat.) desto ähnlicher wird medienbasierte Kommunikation zu Face-to-Face-Kommunikation. Gleichzeitig wird Kommunikation komplexer, weil nicht nur die eigentliche Nachricht, sondern auch der Kontext mitverarbeitet werden muss (z. B. Aussehen, Kleidung, Umgebung, Gesichtsausdruck …). Außerdem verändern sich die psychologischen Kosten, die mit der Nutzung eines Mediums verbunden sind. So sind die Kosten für das Schreiben eines SMS niedriger (was z. B. auch vom Strand aus in Badebekleidung möglich wäre), als das Starten einer Video-Konferenz-Software.

Die Medieneigenschaft **Ko-Präsenz** bezieht sich auf die Frage, ob die Kommunikationspartner die gleiche Umwelt teilen. Das ist zunächst nur bei Face-to-Face-Kommunikation möglich, kann aber mit digitalen Medien nachgebildet, z. B. wenn die Gesprächspartner über Avatare in einer virtuellen Welt repräsentiert werden.

Die Ko-Präsenz erleichtert Verstehen, weil auf Objekte in der Umwelt referenziert werden kann oder gemeinsam an diesen Objekten (z. B. eine Powerpoint-Präsentation oder einer Grafik an einem Whiteboard) gearbeitet werden kann. Über moderne digitale Medien kann die Ko-Präsenz zumindest teilweise für die Objekte oder Elemente hergestellt werden, die für die Kommunikation relevant sind, z. B. in dem der Bildschirm geteilt wird, auf dem ein Schaubild oder ein Objekt gezeigt wird, über das gesprochen wird. Insbesondere bei komplexeren Gesprächsthemen ist deshalb die Ko-Präsenz sehr relevant.

Die Medieneigenschaft ist die **Sychronizität** beschreibe die Gleichzeitigkeit der Kommunikation. Bei synchronen Medien müssen Sender und Empfänger gleichzeitig verfügbar sein, damit Kommunikation gelingt, z. B. per Telefon oder Videokonferenz. Bei nicht synchronen Medien kann die Kommunikation auch mit zeitlichem Abstand erfolgen, z. B. wenn per E-Mail kommuniziert wird.

Die Medieneigenschaft **Reviewability** (eine deutsche Übersetzung wäre „Wiederbetrachtbarkeit") bezieht sich auf die Frage, ob eine einmal gesendete Information vom Empfänger erneut betrachtet werden kann. Das bei Face-to-Face-Kommunikation grundsätzlich nicht möglich – dazu wäre eine Aufzeichnung oder eine Verschriftlichung des gesprochenen Wortes notwendig. Hier zeigt sich ein Mehrwert von medienbasierter Kommunikation. So kann z. B. schriftliche Kommunikation per E-Mail oder per Chat einfach wiederbetrachtet werden, ohne dass ein zusätzlicher

Aufwand entsteht. Für zahlreiche Kommunikationsaufgaben ist das eine hilfreiche Medieneigenschaft.

Die Medieneigenschaft **Revisability** (eine deutsche Übersetzung wäre „Wiederbearbeitbarkeit") beschreibt die Möglichkeit, eine Nachricht vor dem Senden zu verändern oder zu korrigieren. Das ist ein weiteres Beispiel für einen Mehrwert von medienbasierter Kommunikation. So kann z. B. ein kritisches oder konflikthaftes Thema per E-Mail sachlicher angesprochen werden, Formulierungen können vor dem Senden überprüft und überarbeitet werden. Gleichzeitig fällt dann die Möglichkeit weg, auf Rückfragen zu reagieren, Emotionen wahrzunehmen und Missverständnisse zu vermeiden.

Die dargestellten Medieneigenschaften machen klar, dass jedes Medium spezifische Vor- und Nachteile hat, die jeweils auch von der Kommunikationsaufgabe abhängen, um die es geht. Darüber hinaus müssen die Kosten berücksichtigt werden, die für die Nutzung eines Mediums und die Korrektur von Missverständnissen entstehen. So ist z. B. das Schreiben einer E-Mail schnell und einfach möglich. Muss eine Videokonferenz-Software installiert, deren Bedienung geübt, technische Verbindungsprobleme gelöst oder ein Termin mit allen Beteiligten gesucht werden, steigen die Kosten für die Nutzung eines Medium. Sind aber in der Folge einer schnell geschriebenen E-Mail mehrere Rückfragen notwendig, oder wird eine Information falsch verstanden, entsteht ein Mehraufwand. Vielleicht wäre in dann der Aufwand für eine Videokonferenz geringer gewesen. Erfolgreiche Leadership 4.0 setzt deshalb Wissen und Erfahrungen über Vor- und Nachteile unterschiedliche Kommunikationsmedien voraus. Auf dieser Basis wird es möglich, passende Medien auszusuchen.

4.2　Digitale Medien für Kommunikation und Führung nutzen

Aufgabe von Leadership 4.0 ist sicherzustellen, dass auch in der medienbasierten Kommunikation gegenseitiges Verstehen möglich ist. Hilfreich sind hier grundlegende Modelle zum Thema Kommunikation. In diesem Abschnitt wird beispielhaft das kommunikationswissenschaftliche Modell des Common Ground dargestellt. Es beschreibt eine gemeinsame Wissensbasis als Voraussetzung für erfolgreiche Kommunikation. Verstehen die beteiligten Personen den Gegenstand der Kommunikation? Hier spielen Vorwissen, Einstellungen und Überzeugungen eine Rolle. Die Situationswahrnehmung einzelner Personen ist immer unterschiedlich, jede Person kommuniziert auf Basis der eigenen Wahrnehmung der Situation und versteht auch die Äußerungen anderer auf dieser Basis. Gibt es einen Unterschied zwischen den Situationswahrnehmungen der beteiligten Kommunikationspartner, fehlt ein ausreichender Common Ground. Dieses Problem ist insbesondere in der Kommunikation zwischen Laien und Experten (z. B. zwischen Arzt und Patient) untersucht (vgl. Bromme et al. 2004), lässt sich aber auch auf die Kommunikation zwischen Führungskräften und Mitarbeitenden übertragen, oder auf die Kommunikation innerhalb eines Teams. Wenn kein Common Ground besteht, kann ein Team keine Leistung bringen. Insbesondere wenn Menschen mit unterschiedlichen Erfahrungen und unterschiedlichem Wissenshintergrund miteinander arbeiten, ist es wichtig sicherzustellen, dass eine gemeinsame Basis besteht und Verstehen möglich ist.

Um Verstehen sicherzustellen nutzen Menschen Grounding. Grounding hilft zu erkennen, worin ein Missverständnis liegen könnte. Grounding wenden Menschen mehr oder weniger automatisch an. Oft handelt es sich um offensichtliche und deutliche Rückmeldungen, die in Gesprächen auch explizit erfragt werden („Was meinst Du dazu?", „Haben Sie verstanden, was ich meine?", „Ok für Dich?"). Auch Ausdrücke wie „Ja", „Mmmm" oder „Ah, ok" gehören zu dieser Form der expliziten Rückmeldung. Das wird Backchanneling genannt: Ein Gesprächspartner gibt zu verstehen, dass er verstanden hat. Dabei wechseln die Rollen nicht, der Zuhörer bleibt in seiner Rolle als Zuhörer. Ein weiterer Hinweis auf erfolgreiches Grounding ist, ob ein Gesprächspartner mit einer relevanten und passenden Antwort reagiert, einer Bitte nachkommt oder auf eine Aufforderung reagiert. Ist die Antwort oder Reaktion auf eine Frage oder Aussage angemessen, weist das darauf hin, dass die Kommunikationspartner sich verstehen. Ist die Reaktion unangemessen, wird klar, dass unterschiedliche Annahmen über den Common Ground bestehen. Dann wird die sendende Person also nachfragen, erklären oder korrigieren. Und schließlich ist die ununterbrochene Aufmerksamkeit, die der Zuhörer dem Sprecher entgegenbringt, ein Hinweis auf erfolgreiches Grounding. Wenn sich der Zuhörer abwendet, den Blickkontakt abbricht oder etwas anderes tut, kann kein Grounding stattfinden. Im direkten Gespräch sind Menschen für Grounding in der Regel sehr sensibel und versuchen z. B. die Aufmerksamkeit eines Gesprächspartners wiederherzustellen, bevor sie weiterreden.

Bei der Kommunikation mit digitalen Medien funktioniert Grounding grundsätzlich ähnlich wie in der Face-to-Face-Kommunikation. Allerdings kann Grounding erschwert sein, z. B. weil soziale Hinweisreise wie Nicken oder der Gesichtsausdruck nicht oder nicht direkt wahrgenommen werden können. Dann muss Verstehen expliziter sichergestellt werden, als in der nicht medienbasierten Kommunikation. Grounding mit digitalen Kommunikationsmedien muss erst „geübt" werden, damit gut und zuverlässig funktioniert.

Neben den Grouding-Strategien nutzen Menschen Heuristiken, um Common Ground abzuschätzen. Diese Daumenregeln beeinflussen, wie ein Gespräch gestaltet wird und sie erleichtern Grounding. Clark und Brennan (1991) nennen drei Strategien:

1. Alle Informationen, die im bisherigen Gespräch (oder auch in vorherigen Gesprächen) ausgetauscht wurden, werden als bekannt und verstanden vorausgesetzt.
2. Die Zugehörigkeit der Gesprächspartner zu einer bestimmten Gruppe (z. B. Seminar-Teilnehmende oder Arbeitskollegen) ist ein Indikator für gemeinsame Annahmen über den bestehenden Common Ground. So wird den Satz „Die Coaching-Übungen sind spannend." nur ein Mitglied der Community der Seminar-Teilnehmenden auf Anhieb verstehen, für einen anderen Adressaten müsste der Satz anders formuliert sein.
3. Geteilte physische Umwelt in der sich die Gesprächspartner befinden wird als Common Ground vorausgesetzt. Ich kann also auf Objekte und Gegenstände referenzieren („Schau mal, das rote Ding da.") und davon ausgehen, dass der Gesprächspartner mich versteht.

Auch diese Heuristiken funktionieren in der medienbasierten Kommunikation, unterscheiden sich aber teilweise. So ist es z. B. bei der Kommunikation über soziale Medien einfach möglich, etwas über den Hintergrund einer Person herauszufinden, in dem ich einfach deren Profil nutze, um mich zu informieren. Oder ich kann z. B. den bisherigen Gesprächsverlauf einfach anhand der letzten E-Mails oder Chat-Nachrichten nachvollziehen. Beide Beispiele zeigen: Bei der medienbasierten Kommunikation kann Grounding sogar erleichtert sein, weil Informationen genutzt werden können, die in der Face-to-Face-Kommunikation nicht zur Verfügung stehen.

Wenn die Gesprächspartner allerdings auf Basis dieser Daumenregeln fälschlicherweise annehmen, dass gemeinsame Annahmen über den Common Ground bestehen, kommt es zu Missverständnissen. Das Konzept des Common Ground kann dabei helfen, menschliche Kommunikation besser zu verstehen. Dabei geht es zunächst nur um den eigentlichen Inhalt einer Nachricht und um die Information, die vermittelt werden soll. Dahinter steht die Annahme, dass Kommunikation zunächst der Austausch von Nachrichten, von Informationen ist. Dafür müssen die Gesprächspartner ständig Grounding betreiben, also sicherstellen, dass sie sich gegenseitig verstehen.

Diese Sichtweise, die gegenseitiges Verstehen als zentrales Ziel von Kommunikation annimmt und beschreibt, wie Grounding abläuft, macht klar: Eine Führungskraft ist dafür verantwortlichen Common Ground sicherzustellen. Nur dann kann Führung erfolgreich sein. Was bedeutet das für den Einsatz digitaler Medien für die Kommunikation? Die folgenden fünf Punkte thematisieren konkrete Aufgaben für Führungskräfte im Blick auf die Gestaltung medienbasierter Kommunikation innerhalb eines Unternehmens oder einer Organisation.

1. Kommunikationsnormen für die Nutzung digitaler Kommunikationsmedien etablieren. Diese bilden sich mit der Zeit automatisch heraus. Eine Führungsaufgabe ist, diese Normen mitzugestalten und explizit zu machen. Dazu gehören z. B. Regeln zur Erreichbarkeit und Reaktionszeit, zu den Ansprüchen an die äußere Form (Es ist in Ordnung, kurz und knapp zu schreiben: „Im Anhang Infos zum aktuellen Projekt. Bitte Rückmeldung") oder zur Kommunikation über Hierarchien hinweg.

2. Ineffiziente Nutzung digitaler Medien für die Kommunikation im Blick haben und einschränken. E-Mails werden z. B. in vielen Organisation und Unternehmen eher ineffizient genutzt: Diskussionsverläufe mit mehreren Antworten, bei denen keiner den Überblick behält, unwichtige Informationen, die an große Verteilerlisten geschickt werden oder Absprachen, die einfacher über ein anderes Medium getroffen werden könnten. Eine Führungsaufgabe ist, die effiziente Nutzung digitaler Medien einzufordern und zu steuern.

3. Kooperation und Transparenz vorleben und einfordern. Die Nutzung digitaler Medien in Organisationen und Unternehmen ermöglicht, schnell und einfach Informationen auszutauschen, z. B. in internen sozialen Netzwerken (z. B. Facebook at Work, Slack oder Yammer) oder in Kooperationsplattformen und -werkzeugen (z. B. Wikis oder Werkzeuge wie Trello oder Asana). Die damit verbundene Transparenz und der Informationsaustausch über Hierarchien hinweg verändert die Art und Weise wie Zusammenarbeit funktioniert und kann damit ein Team oder eine ganze Organisation transformieren. Eine Führungsaufgabe ist, diese Veränderungen zu unterstützen und mit zu gestalten.

4. Ziel von Aufgaben und Projekten in den Mittelpunkt stellen. Bei der Auswahl, Einführung und Nutzung digitaler Werkzeuge z. B. im Projektmanagement oder im Human Resource Management stehen oft die Funktionen und Möglichkeiten einer Softwarelösung im Vordergrund. Dabei wird oft vergessen, welches Ziel eigentlich erreicht werden soll, und wozu ein Prozess notwendig ist. Eine Führungsaufgabe ist, immer wieder das Ziel zu klären, um das es geht, und Entscheidungen an diesem Ziel auszurichten.

5. Mitarbeitende für die Nutzung digitaler Medien schulen. Die effiziente Nutzung digitaler Medien ist eine Aufgabe für Personalentwicklung (vgl. Moskaliuk

et al. 2016). Dabei geht zunächst um technische Aspekte und die Frage, wie ein digitales Medium bedient werden muss. Auch bei scheinbar selbsterklärenden Werkzeugen stellt sich schnell Frustration ein, z. B. wenn Aufgaben auf einmal umständlicher werden oder wenn nicht alle Funktionen genutzt werden. Außerdem sollte die Einbettung neuer digitaler Werkzeuge in den Arbeitsalltag thematisiert werden, damit neue Arbeitsroutinen entstehen, die eine effiziente Nutzung digitaler Medien ermöglichen. Und: Im Kontext Leadership 4.0 besteht die Gefahr, dass die Nutzung digitaler Medien zum Selbstzweck wird. Wichtige Aufgabe für Führungskräfte ist, hier selbstkritisch zu reflektieren,

4.3   Beratungstool: Welche Digitalen Medien nutze ich für Kommunikation?

Dieses Beratungstool basiert auf medienpsychologischen Modellen, die eine Passung von Medieneigenschaften und Kommunikationsaufgaben als Erfolgskriterium für gelingende Kommunikation beschreiben. In Abb. 4.1 ist die Media Richness-Theorie von Daft und Lengel (1986) dargestellt. Die Theorie unterscheidet Kommunikationsaufgaben auf den beiden Dimensionen Mehrdeutigkeit und Unsicherheit. Die Mehrdeutigkeit bezieht sich auf die Frage, ob eine Situation oder ein Problem und das Ziel, das sich daraus ergibt, eindeutig und klar definiert werden kann. Es geht also um die Frage, ob das Ziel klar ist.

Die Unsicherheit bezieht sich auf die Differenz zwischen den für eine Aufgabe notwendigen Information, die dem Mitarbeiter oder der Mitarbeiterin bekannt sind und die bereits im Unternehmen vorhanden sind. Es geht also um die Frage, ob die Lösung klar ist.

Zentrale Idee der Theorie ist: Reichhaltige Medien eignen sich besonders gut, wenn die Kommunikationsaufgabe mehrdeutig ist. Zur Reduktion von Unsicherheit (was z. B. durch das Übermitteln notwendiger Fakten, die zur Erledigung einer Aufgabe notwendig sind, erfolgen kann) sind weniger reichhaltige Medien besser geeignet.

Zuerst werden Kommunikationsaufgaben gesammelt, die im Führungsalltag eine Rolle spielen. Eine Leitfrage lautet: Wo gab es in der letzten Zeit in Bezug auf die Kommunikation mit Mitarbeitenden oder innerhalb des Teams Schwierigkeiten oder unzureichende Ergebnisse? Um welche konkrete Arbeitsaufgabe ging es dabei? Außerdem werden Aufgaben, Informationen, Deadlines oder Diskussionspunkte notiert, die in den nächsten Tagen an Mitarbeitenden kommunizieren werden sollen und die einzelnen Kommunikationsaufgaben auf den Dimensionen „Mehrdeutigkeit" und „Unsicherheit" sortiert. Hier geht es um

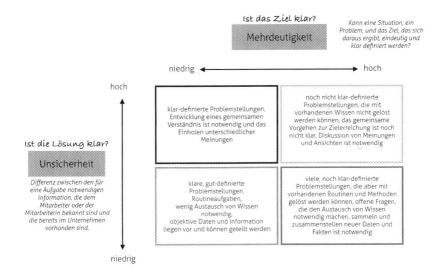

Abb. 4.1 Die Media Richness-Theorie von Daft und Lengel (1986)

die Perspektive der Mitarbeitenden: Wo ist das Ziel nicht klar? Wo ist die Lösung nicht klar? Im nächsten Schritt wird das bisherige Kommunikationsverhalten reflektiert und daraus Veränderungsstrategien abgeleitet. Dabei unterstützten folgende Leitfragen:

- Welche Medien nutze ich bisher für die Kommunikation mit meinen Mitarbeitenden? Welche anderen Kommunikationsformen gibt es (z. B. Meetings, Berichte, Projektpläne)?
- Welche erlebe ich als besonders effizient und zielführend? Welche „nerven" mich oder kosten unnötige Zeit?
- Passt die Reichhaltigkeit des verwendeten Mediums zur Aufgabe und zum Kommunikationsziel?
- Was möchte ich verändern? Was ist mir klargeworden?

Wertorientiert Führen: Was gibt Ihrem Unternehmen Sinn?

Wertorientierte Führung meint, individuelle Werte als wichtigen Einflussfaktor für Wahrnehmen, Erleben und Verhalten zu verstehen und diese Erkenntnis in das eigene Führungsverhalten zu integrieren. Damit haben Führungskräfte ein wirksames Instrument in der Hand, um Arbeitsmotivation und Arbeitszufriedenheit zu fördern, leistungsfähige Mitarbeitende im Unternehmen zu halten und Konflikte zielführend zu lösen. Wertorientierte Führung ist deshalb ein zentraler Aspekt für Leadership 4.0. Was bedeutet wertorientierte Führung konkret? Das wird im ersten Abschnitt dieses Kapitels dargestellt.

5.1 Was bedeutet wertorientierte Führung konkret?

Die eigenen Werte kennen und leben. Dieser Aspekt bezieht sich auf Glaubwürdigkeit und Authentizität einer Führungskraft. Mitarbeitende in Projektteams erwarten von einer Führungskraft, dass sie sich entsprechend ihrer eigenen Ideale, Erwartungen und Vorgaben verhält, insbesondere, wenn diese klar kommuniziert sind z. B. in Mission Statements oder internen Regeln. Das bezieht sich zum einen auf die praktische Gestaltung der Zusammenarbeit und Kommunikation in einem Team oder einer Organisation. Fordert die Führungskraft Pünktlichkeit ein, kommt aber selbst ständig zu spät? Wünscht sich die Führungskraft konstruktives Feedback und erwartet innovative Ideen, hat aber selbst Schwierigkeiten andere Meinungen zu hören und stehen zu lassen? Zum anderen geht es um die Vorbildfunktion der Führungskraft. Lebt sie die Offenheit und Kooperationsfähigkeit, die sie von ihren Mitarbeitenden einfordert? Wie geht die Führungskraft mit eigenen Fehlern um? Wie reagiert sie auf Frust und Ärger? Wie steht es um die Work-Life-Balance der Führungskraft? Bei den

© Springer Fachmedien Wiesbaden GmbH, ein Teil von Springer Nature 2019
J. Moskaliuk, *Beratung für gelingende Leadership 4.0*, essentials,
https://doi.org/10.1007/978-3-658-23708-0_5

Mitarbeitenden in einem Projektteam ist eine Führungskraft nicht mehr automatisch aufgrund ihres Status als Chef oder Chefin eines Teams oder eines Unternehmens als Führungskraft akzeptiert. Sie müssen ihre Kompetenzen als Führungskraft deshalb nicht nur an den betriebswirtschaftlichen Erfolgen messen lassen, sondern auch an der Anerkennung durch die Mitarbeitenden. Auch fachliche Kompetenzen wird ein Projektteam stets kritisch hinterfragen und einfordern, dass Entscheidungen, Vorgaben und Arbeitsaufträge begründet und erklärt werden. Wertorientierte Führung bedeutet, die eigenen Werte, Ideale und Erwartungen zu reflektieren und mit der Wirklichkeit abzugleichen, und die Anforderungen zu analysieren, die innerhalb der Organisation z. B. von Vorgesetzen oder Kunden an eine Führungskraft gestellt werden. Nur wenn eine Führungskraft ihre eigenen inneren Werte kennt, kann sie kongruent, d. h. in Übereinstimmung mit ihren eigenen Werten führen. Die eigenen Werte zu kennen ist die Voraussetzung für wertorientierte Führung. Gleichzeitig wird hier das Spannungsverhältnis zwischen wertorientierter Führung auf der einen Seite, und betriebswirtschaftlichen Anforderungen an Führungskräfte auf der anderen Seite deutlich. Das ist insbesondere dann eine Herausforderung, wenn Entscheidungen zu treffen sind, die bei Mitarbeitenden Widerstand oder Ängste auslösen, z. B. im Rahmen von Change-Prozessen. Mitarbeitende in Projektteams werden auch dann von ihrer Führungskraft erwarten, dass sie zu ihren eigenen Werten stehen, und Entscheidungen offen kommunizieren und diskutieren.

Werte der Mitarbeitenden beachten. In einer Organisation haben Führungskräfte es mit vielen unterschiedlichen Menschen zu tun. Unterschiedliche Generationen, unterschiedliche Kulturen, unterschiedliche Erfahrungen bedingen unterschiedliche Werte-Systeme. Diese Diversität müssen Führungskräfte berücksichtigen. So wird ein Mitarbeiter, für den die Werte *Regelkonformität* und *Persönliche Sicherheit* eine große Rolle spielen, von der Führungskraft etwas anderes erwarten als eine Mitarbeiterin für die die Werte *selbstbestimmtes Handeln* und *Macht* wichtig sind. Während der eine klare Regeln und Vorgaben erwartet, möchte die andere genügend Freiheiten, um eigene Ideen und Vorstellungen umsetzten zu können. Es gibt nicht den idealen Führungsstil oder das ideale Führungsverhalten. Führungskräfte müssen für eine wertorientierte Führung die unterschiedlichen Werte-Systeme ihrer Mitarbeitenden erkennen. Werden Werte der Mitarbeitenden dauerhaft verletzt, werden die betroffenen Personen nicht leistungsfähig sein. Ein Team oder eine Organisation nutzt dann nicht das ganze Potential der Mitarbeitenden oder verliert auf die Dauer die besten Mitarbeitenden. Auch Konflikte sind oft ein Hinweis auf verletzte Werte. Sie können die Arbeitsfähigkeit eines Teams oder einer Organisation als Ganzes gefährden.

Im Gegensatz zu konstruktiven Konflikten, die zu neuen Ideen führen und das Team voranbringen können, wirken sich insbesondere Verteilungskonflikte (in denen z. B. über räumliche oder finanzielle Ressourcen gestritten wird) oder Beziehungskonflikte (in denen keine echte Sachfrage mehr zu lösen ist) langfristig auf den Erfolg eines Teams und damit der ganzen Organisation aus. Wenn die an einem solchen Konflikt beteiligten Mitarbeitenden unterschiedliche Werte haben, dann fällt die Kommunikation untereinander und mit der Führungskraft besonderes schwer. Hier müssen Führungskräfte Konflikte, vor allem, wenn sie verdeckt ablaufen, erkennen, ansprechen und Lösungen erarbeiten. Oft geht es nicht um Sachthemen, sondern um unterschiedliche Werte, die für Wahrnehmen, Handeln und Entscheiden relevant sind. So wird eine Mitarbeiterin, für die die Werte *Sicherheit* und *Stabilität* eine große Rolle spielen, nur schwer mit der kreativen und sprunghaften Arbeits- und Kommunikationsweise eines Kollegen zu Recht kommen, für den die Werte *Stimulation* und *Selbstbestimmtes Handeln* wichtig sind. Auch wenn Mitarbeitende im Blick auf das gemeinsame Ziel nicht zu einer Einigung kommen, oder die Verhandlung unterschiedlicher Lösungen nicht erfolgreich ist, sollte die Führungskraft eingreifen. Um die Funktionsfähigkeit der Organisation zu erhalten, müssen Führungskräfte entscheiden, ob die Mitarbeitenden einen Konflikt eigenständig lösen können, oder die Führungskraft gefordert ist. Führungskräfte sollten die unterschiedlichen Werte ihrer Mitarbeitenden als entscheidende Einflussfaktoren berücksichtigen. Dafür müssen sie zuhören und nachfragen, um die Unterschiedlichkeit ihrer Mitarbeitenden verstehen zu können.

Rahmenbedingungen für Kooperation schaffen. Komplexe Aufgaben lassen sich nur im Team lösen. Der Erfolg eines Teams oder eines Unternehmens hängt davon ab, ob Mitarbeitende zielführend miteinander kooperieren. Nur wenn unterschiedliches Wissen, unterschiedliche Erfahrungen, unterschiedliche Blickwinkel und Einstellungen aufeinandertreffen, verhandelt werden, und sich gegenseitig befruchten, sind innovative Lösungen und deren erfolgreiche Umsetzung möglich. Hier wird die Bedeutung von Diversität deutlich: Wenn unterschiedliche Werte-Systeme aufeinandertreffen, entsteht Raum für Innovation und Kreativität. Führungskräfte sollten die Kooperation der Mitarbeitenden untereinander deshalb einfordern und immer wieder klarmachen, dass Zusammenarbeit die Voraussetzung für Erfolg ist – und auch als Führungskraft Kooperationsfähigkeit vorleben. Wertorientierte Führung bedeutet, diverse Werthaltungen nicht nur wahrzunehmen, sondern auch als Bedingung für den Erfolg eines Teams zu fördern. Schon bei der Auswahl von Mitarbeitenden ist die Frage nach der Kooperationsfähigkeit zentral. Das bezieht sich zum einen auf die Kompetenz, mit anderen

Menschen zusammenarbeiten zu können, eigenes Wissen zu teilen und gemeinsam eine Lösung zu erarbeiten, nimmt aber auch motivationale Aspekte in den Blick. Möchte eine Mitarbeiterin tatsächlich mit anderen zusammenarbeiten? Ist ein Mitarbeiter in der Lage die unterschiedlichen Werte andere Menschen nicht als Gefahr, sondern als Chance zu begreifen? Außerdem müssen Führungskräfte die Rahmenbedingungen für Kooperation beachten: Sind die Arbeitsaufgaben so gestellt, dass Kooperation notwendig und zielführend ist? Sind die Belohnungs- und Gehaltsstrukturen auf Kooperation ausgerichtet, oder werden Einzelkämpfer belohnt? Sind die zeitlichen und räumlichen Voraussetzungen gegeben, damit Kooperation möglich ist? Lässt der Führungsstil unterschiedliche Werthaltungen zu und fördert diese?

Direktes und wertschätzendes Feedback geben. Führungskräfte sind für die Entwicklung ihrer Mitarbeitenden verantwortlich. Das bezieht sich zum einen auf fachliche Aspekte, also z. B. die Frage, ob eine Mitarbeiterin einer Arbeitsaufgabe gewachsenen ist, oder weitere Kompetenzen notwendig sind, die durch Weiterbildungen oder Trainings erworben werden können. Zum anderen geht es um soziale, kommunikative und persönliche Kompetenzen. Das betrifft auch die Frage, ob die Mitarbeitenden in einem Team zueinander passen, sich ergänzen und gut zusammenarbeiten können. Wertorientierte Führung bedeutet, Feedback zu geben, und dabei die in Individualität der Mitarbeitenden ernst zu nehmen. Eine wichtige Aufgabe für Führungskräfte ist deshalb, regelmäßig Gespräche mit Mitarbeitenden zu führen, Arbeitsleistung zu bewerten, Entwicklungsmöglichkeiten zu identifizieren und diese dann auch anzustoßen. Mitarbeitende erwarteten ehrliches und wertschätzendes Feedback. Formale Bewertungsprozesse wie z. B. standardisierte Mitarbeitergespräche sind dafür in der Regel ungeeignet. Es geht vielmehr um direktes Feedback, das selbstverständlicher Bestandteil der täglichen Arbeit ist. Es sollte zeitnah möglich sein, und in direktem Zusammenhang mit der Arbeitsleistung stehen. Die Mitarbeitenden scheuen nicht mehr davor zurück, auch ihrer Führungskraft Rückmeldung zu geben und erwarten, dass dieses Feedback gehört und ernst genommen wird. Wenn das nicht möglich ist, nutzen die Mitarbeitenden Arbeitgeberbewertungsplattformen im Internet oder andere Social Media Plattformen um ihre Führungskraft oder ihr Unternehmen zu bewerten.

Erreichbar sein und Entscheidungen transparent machen. Führungskräfte müssen die Zukunft ihrer Organisation im Blick behalten. Der Erfolg einer Organisation hängt nicht nur von den inneren Voraussetzungen ab, also z. B. von effizienten Prozesse oder kooperativ arbeitenden Teams, sondern auch von den

Anforderungen des Marktes. Führungskräfte müssen sich auch ständig fragen, ob die Lösungen, die sie für ihre Kunden zu bieten haben, vorhandene Probleme lösen. Die Wünsche und Bedürfnisse, die Kunden haben, ändern sich ständig und sind auch von gesellschaftlichen und politischen Entwicklungen abhängig. Wenn Unternehmen diese Entwicklungen verschlafen, können sie keine angemessene Reaktion darauf planen und umsetzen. Um die Zukunftsfähigkeit zu sichern, müssen Führungskräfte deshalb auch die Konkurrenz im Blick haben, um notwendige Veränderungen rechtzeitig einleiten zu können und notwendige Entscheidungen treffen zu können. Das Vertrauen in die Leistungsfähigkeit einer Organisation bezieht sich dabei zuerst auf die Kunden. Eine Organisation kann nur so lange erfolgreich sein, wie der Markt auf die gebotenen Lösungen vertraut. Dafür braucht ein Unternehmen aber notwendigerweise auch das Vertrauen der Mitarbeitenden in die Marktfähigkeit der eigenen Organisation und damit in die Führungskräfte. Das wird nur gelingen, wenn Führungskräfte transparent und offen, und gleichzeitig überzeugt kommunizieren. Wertorientierte Führung bedeutet deshalb, die Kommunikation mit Kunden und Mitarbeitenden als zentrale Führungsaufgabe zu verstehen. Die Führungskraft sollte erreichbar sein für ihre Mitarbeitenden und ihre Kunden, um deren unterschiedliche Werte-Systeme wahrnehmen zu können. Nur so wird es gelingen, Produkte und Dienstleistungen zu entwickeln und zu vermarkten, die wirklich gebraucht werden. Das bezieht sich auf den Aspekt des Zuhörens, der oben schon genannt wurde. Mitarbeitende erwartet, dass Führungskräfte ansprechbar sind und Fragen, Ideen, Verbesserungsvorschläge oder Probleme hören und ernst nehmen. Gleichzeitig geht es aber auch um die Kommunikation von Entscheidungen nach außen (an Kunden) und nach innen (an Mitarbeitenden). Entscheidungen müssen transparent und nachvollziehbar sein, Mitarbeitende (und Kunden) möchten in Entscheidungen einbezogen oder zumindest informiert sein.

5.2   Leadership 4.0 als laterales Führen

Laterales Führen (vgl. Kühl et al. 2004) meint: Führen ohne Weisungsbefugnis. Leadership 4.0 ist in vielen Fällen laterales Führen, z. B. weil ein Team aus Freiberufler und Teilzeitangestellten besteht – aus Mitarbeitenden, die nicht oder nur teilweise in die organisationale Struktur eingebunden sind. Dazu kommt das Mitarbeitende sich zunehmend weniger an ein Unternehmen gebunden fühlen und ihnen gleichzeitig zahlreiche Alternativen offenstehen, die sie auch nutzen, wenn Arbeitsaufgaben, Organisationsklima oder die Vergütung nicht mehr zufriedenstellend sind. In viele Unternehmen und Organisationen werden hierarchische

Strukturen durch projektorientierte Ansätze ersetzt. In einem solchen Projekt wird abteilungs- manchmal sogar organisationsübergreifend zusammengearbeitet. Führungspositionen werden flexibel besetzt, sie ergeben sich als „Rolle auf Zeit". Personen, die in einem Projektteam Führung übernehmen, sind auf die Zusammenarbeit mit den anderen Mitgliedern im Team angewiesen.

Macht ergibt sich hier nicht aus der hierarchischen Verortung einer Person, sondern hängt ab von der Persönlichkeit, der Expertise, sowie der Fähigkeit, Netzwerke zu bilden, andere Menschen zu überzeugen und mit ins Boot zu holen. Leadership 4.0 erfordert deshalb von der Führungskraft weitreichende kommunikative und soziale Fähigkeiten, Führungskräfte müssen Arbeiten und Denken in Netzwerken fördern, und die Zusammenarbeit koordinieren. Statt nur Ziele vorzugeben, Arbeitsprozesse zu strukturieren, Aufgaben zu delegieren, und deren Erledigung zu überwachen, muss Leadership 4.0 die unterschiedlichen Interessen und Ziele wahrnehmen und integrieren, und sicherstellen, dass dennoch übergeordnete Organisationsziele verwirklicht werden können.

Denken in Projekten. Laterale Führung bedeutet immer auch Führen auf Zeit. Freiberufler, die heute in einem Team sind, können morgen bereits in einem anderen Team arbeiten, vielleicht sogar bei der Konkurrenz. Ein Team ist deshalb immer ein Team auf Zeit, das für ein klar umrissenes Projekt zusammenarbeitet. Nächstes Jahr, nächstes Semester, für den nächsten Kunden haben Führungskräfte ein neues Team. Leadership 4.0 bedeutet, konkrete Projekte zu definieren und zu überlegen, wer Teil des Teams für dieses Projekt sein sollte.

Ziele kommunizieren. Laterale Führung erfordert, dass das Ziel eines Projekts klar ist und vor allem allen Mitgliedern eines Teams bekannt ist. Führungskräfte sollten deshalb zu Beginn eines Projekts genügend Zeit investieren, um an einem gemeinsamen Bild vom Ziel zu arbeiten. Leadership 4.0 bedeutet zu klären: Wer hat welche Ziele? Passen die Ziele zueinander? Welche Vision teilen wir? Wo gibt es noch Unstimmigkeiten? Stehen alle hinter dem Ziel? Es geht darum, individuelle mentale Modelle der einzelnen Teammitglieder in Einklang zu bringen und zu einem gemeinsamen mentalen Modell weiterzuentwickeln.

Werte der Mitarbeitenden wahrnehmen und adressieren. Neben unterschiedlichen Zielen treffen immer auch unterschiedliche Werte-Systeme aufeinander. Werte beschreiben, was den einzelnen Beteiligten wichtig und wertvoll ist, was für sie die Mitarbeit im Team sinnvoll macht. Auch hier bedeutet Leadership 4.0, zu klären: Wer hat welche Interessen und Erwartungen? Welche individuellen Auffassungen, Überzeugungen, Arbeitsweisen treffen im Projektteam aufeinander? Das ist der erste Schritt, um die Motivation aller Projektbeteiligten zu fördern.

Rollen und Zuständigkeiten klären. Anders als in einem Team, das bereits länger zusammenarbeitet, müssen in einem Projektteam Aufgaben und Zuständigkeiten, Rollen und Erwartungen klarer und expliziter kommuniziert werden. Es gibt keine festen Job-Beschreibungen, aus denen sich Zuständigkeiten ergeben. Mitarbeitende können in unterschiedlichen Teams unterschiedliche Rollen einnehmen, haben unterschiedliche Erwartungen an die anderen Personen im Team und an die Führungskraft.

Kommunikation ermöglichen. Es gibt in einem Projektteam möglicherweise unterschiedliche Erwartungen an die Kommunikation im Team. Ein Projektteam braucht Regeln und Strukturen für die Kommunikation: Von den verwendeten Kommunikationswerkzeugen (z. B. E-Mail, Intranet-Systeme) über Vereinbarungen zur Erreichbarkeit bis hin zur Kommunikationskultur im Umgang miteinander. Insbesondere wenn Personen mit unterschiedlichem fachlichem Hintergrund, unterschiedlichen Erfahrungen und unterschiedlichen Herangehensweisen zusammenarbeiten ist es wichtig, gegenseitiges Verstehen sicherzustellen: Verstehe ich wirklich, was die andere Person meint?

Vertrauen schaffen. Ein Projektteam lebt von gegenseitigem Vertrauen. Nur wenn sich die Personen im Team aufeinander verlassen können, wird eine erfolgreiche Zusammenarbeit möglich sein. Das bezieht sich auf Regeln zur Kommunikation und Kooperation, die Führungskräfte gemeinsam mit dem Team erarbeiten sollten und im Team festlegen. Das bezieht sich aber auch auf auftretende Schwierigkeiten. Wie geht das Team damit um, wenn etwas nicht klappt wie geplant oder einzelne Mitglieder im Team Fehler machen?

Wissensaustausch organisieren. Ein Projektteam wird nur funktionieren, wenn es gelingt Wissen erfolgreich auszutauschen und von den Erfahrungen aller Beteiligten zu profitieren. Gerade in Projekten auf Zeit gilt: Wissen ist Macht. Einzelne Teammitglieder haben möglicherweise kein Interesse daran, ihr Wissen mit anderen zu teilen und der Organisation zur Verfügung zu stellen. Damit würden sie sich selbst überflüssig machen. Außerdem fällt in Projektteams mit vielen Teilzeitkräften oder Freiberuflern oft der informelle, zufällige Austausch von Wissen (z. B. an der Kaffeemaschine) weg. Deshalb ist es besonders wichtig, Prozesse für den Austausch von Wissen zu etablieren und Möglichkeiten für den Austausch zu schaffen.

Motivation fördern. Leadership 4.0 bedeutet, die Motivation aller Mitarbeitenden im Team im Blick zu behalten und zu fördern. Führungskräfte müssen deshalb die unterschiedlichen, ggf. sogar widersprüchlichen Ziele, Bedürfnisse und Wünsche ihrer Teammitglieder kennen und in geeigneter Weise darauf reagieren. Während vielleicht für eine Person die regelmäßigen Treffen mit den Kollegen zum Austausch aktueller Themen besonders wichtig und relevant sind, findet eine andere Person möglicherweise gerade die dafür investierte Zeit überflüssig. Nur wenn es gelingt, die Unterschiedlichkeiten wahrzunehmen und zu adressieren, wird die Zusammenarbeit im Team für alle Beteiligten attraktiv sein. Darum geht es im Kap. 6.

5.3   Leadership 4.0-Impuls: Wie führe ich ein laterales Team?

Leadership 4.0 ist mehr als das Anwendung von Techniken, Tools und Strategien. Letztlich bezieht sich Leadership 4.0 auf die Haltung, die eine Führungskraft sich selbst gegenüber, ihrem Team gegenüber und in Bezug auf ihre Aufgabe oder Rolle als Führungskraft einnimmt. Vier Aspekte sind für die Haltung zentral.

1. **Gut zuhören, was wirklich gemeint ist.** Unter dem Stichwort aktives Zuhören hat sich in der Kommunikationspsychologie die Idee etabliert, dass Zuhören kein passiver Prozess ist. Es geht nicht darum zu warten, bis das Gegenüber fertig ist, um dann selbst zu sprechen. Vielmehr meint aktives Zuhören, ganz auf das Gegenüber fokussiert zu sein, und ernst und wichtig zu nehmen, was die andere Person sagt. Damit Diversität ihr volles Potential entfalten kann, müssen alle Stimmen gehört werden. Auch und gerade kritische oder hinterfragende Meinungen, können hilfreich sein und auf offene Punkte hindeuten. Wenn eine Führungskraft das aktive Zuhören als Kommunikationsnorm etabliert, kann das die Leistungsfähigkeit und Produktivität eines Teams steigern.
2. **Divergent denken und offen für Neues sein.** Der Begriff divergentes Denken geht auf Joy Paul Guilford (1950) zurück. Gemeint ist das „Querdenken" oder „um die Ecke denken". Statt nur linear, analytisch und rational zu denken, geht es darum offen und unsystematisch, experimentierfreudig und spielerisch an eine Aufgabe heranzugehen. In einer VUCA-World kann das eine zentrale Voraussetzung für Erfolg sein. Informationen dürfen intuitiv und selektiv genutzt werden, die subjektive Bewertung hat ihren Raum. Das Denken

in Netzwerken, das freie Assoziieren und Springen der Gedanken kann Innovationen fördern. Ob etwas durchführbar und realistisch ist kann im nächsten Schritt geprüft werden, Ausgangssituation, Rahmenbedingungen, bisherige Lösungen und Denkmuster müssen infrage gestellt werden.

3. **Erfolge feiern und Beteiligte benennen.** In einer VUCA-World ist der Weg zum Ziel nicht klar. Es lohnt sich deshalb, Erfolge zu feiern, wenn klar wird, dass die Richtung stimmt. Das wirkt motivierend und regt an, weiter an einer Lösung zu arbeiten, auch wenn das Ziel nicht klar ist. Hier kommt es darauf an, die Beteiligung Einzelner und des gesamten Teams an einem Erfolg transparent zu machen. Wertschätzung für die eigene Arbeit ist ein notwendiger und wichtiger Aspekt für langfristige Leistungsfähigkeit eines Teams.

4. **Die eigene Rolle reflektieren und kommunizieren.** Eine Führungskraft ist in vielen Fällen nicht mehr der Fachexperte oder die Fachexpertin für ein aktuelles Thema. Die Rolle der Führungskraft ist deshalb nicht mehr Wissen zu vermitteln oder Lösungen auszuwählen, sondern die Experten im Team zu unterstützen, selbst passende Lösungen zu finden oder sich neues Wissen anzueignen. Diese veränderte Rolle müssen Führungskräfte immer wieder reflektieren, um nicht Gefahr zu laufen, Innovationen im Keim zu ersticken, oder gute Lösungen zu verhindern. Und: Das eine Führungskraft nicht mehr der Experte oder die Expertin zu sein, die für alles eine Lösung kennt muss im Team immer wieder klar kommuniziert werden, um falsche Erwartungen an die Führungsrolle zu verhindern.

Generation Y, Z und Alpha: Reagieren auf Diversität

Eine zentrale Aufgabe von Leadership 4.0 ist, auf Diversität zu reagieren und die Unterschiedlichkeit von Meinungen, Interessen, Erfahrungen, Wissen und Werte zu berücksichtigen, zu integrieren und zu nutzen. Die Erkenntnis, dass Diversität anstrengend sein kann und Konflikte mit sich bringt, gleichzeitig aber unerlässlich für den wirtschaftlichen Erfolg ist, hat sich mittlerweile durchgesetzt und ist empirisch gut fundiert (z. B. Kochan et al. 2003 oder Mannix und Neale 2005). Dabei wird in den aktuellen Diskursen oft auf das Konzept der Generationen Bezug genommen: Die Generation Y (die 1980 bis 2000 Geborenen), die kritisch hinterfragt, feedbacksüchtig ist, und nach Sinn strebt; Die Nachfolge-Generation Z (2000 bis 2015), die mit dem Internet aufgewachsen ist, sich nach außen darstellt und wieder mehr Wert auf Karriere legt; die Generation Alpha, die Kinder der Generation Z und Y, die zu Beginn des 21. Jahrhunderts in einer Welt aufwachsen, die sich völlig von der Welt ihrer Eltern und Großeltern unterscheidet.

Die Annahme, dass sich Menschen in einer Generation im Blick auf Werthaltungen, Erfahrungen und Verhalten ähnlich sind, konnte empirisch nur teilweise bestätigt werden. Einige Studien finden Unterschiede zwischen den Generationen, die Ergebnisse sind aber widersprüchlich. So legt z. B. eine Längsschnittstudie mit Studierenden an US-amerikanischen High-Schools nahe, dass es keine Unterschiede zwischen den Generationen im Blick auf altruistische Werte wie die gesellschaftliche Bedeutung der Arbeit gibt, aber soziale Werte (Freundschaften pflegen) und intrinsische Werte (interessante und ergebnisorientierte Arbeit) für die Generation Y weniger Bedeutung haben als für frühere Generationen (Twenge et al. 2010). Andere Studien finden eine niedrigere Arbeitszufriedenheit im Blick auf die zu hohe Arbeitsbelastung und zu geringe freie Zeit bei der Generation Y im Vergleich zur Vorgänger-Generation (Young et al. 2013). Insgesamt gibt aber z. B. im Blick auf Arbeitszufriedenheit und Einstellungen zur eigenen Arbeit zwischen den Generationen kaum messbare Unterschiede (Cucina et al. 2018).

© Springer Fachmedien Wiesbaden GmbH, ein Teil von Springer Nature 2019
J. Moskaliuk, *Beratung für gelingende Leadership 4.0*, essentials,
https://doi.org/10.1007/978-3-658-23708-0_6

Die gefundenen Unterschiede zwischen den Generationen beziehen sich möglicherweise nicht auf Kohorten, sondern auf Altersgruppen. Das Lebensalter, die Berufserfahrung, sowie die persönliche und familiäre Situation könnten Ursache für die wahrgenommenen Unterschiede zwischen Älteren und Jüngeren sein, nicht die Zugehörigkeit zu einer Generation, die sich über Geburtsjahrgänge definiert. Ein weiterer Grund könnte in den unterschiedlichen Milieus liegen, in denen Mitarbeitende sozialisiert sind, und die Unterschiede in Werthaltungen, Interessen, Meinungen und Einstellungen erklären können.

Wichtiger als die Differenzierung von Generationen und deren genauer Beschreibung ist deshalb, die Unterschiedlichkeit von Mitarbeitenden zu berücksichtigen. Aus Führungsperspektive ist die zentrale Frage, was Menschen zu Leistung motiviert – unabhängig von der Zugehörigkeit zu einer bestimmten Generation. Hier muss der Fokus auf der intrinsischen Motivation liegen, also die Motivation, die im Gegensatz zur extrinsischen Motivation von innen heraus entsteht und unabhängig von äußeren Anreizen ist. Im folgenden Abschnitt wird eine motivationspsychologische Theorie vorgestellt, die eine fundierte Grundlage für die Gestaltung von Leadership 4.0 sein kann, da sie klar macht, welche Bedeutung intrinsische Motivation hat und wie sie entsteht. Dabei geht es zum einen um allgemeine Voraussetzungen für intrinsische Motivation, die – so zumindest die Annahme der Theorie – für alle Menschen in ähnlicher Art und Weise gültig sind. Zum anderen wird klar, dass intrinsische Motivation nicht von außen „verordnet" werden kann, sondern von innen heraus entsteht. Das bedeutet: Motivation hängt von der Passung zwischen Aufgaben und individuellen Motiven ab. Nur wenn die Unterschiedlichkeit von Menschen berücksichtigt wird, kann Führung erfolgreich sein. Im letzten Abschnitt des Kapitels wird das Beratungstool Motiv-Check vorgestellt, das dabei helfen kann, die Persönlichkeit einzelne Mitarbeitenden zu verstehen und deren Motivation zu fördern.

6.1   Selbstbestimmungstheorie der Motivation

Leadership 4.0 kann nur funktionieren, wenn alle Beteiligten motiviert sind, sich in das gemeinsame Projekt einzubringen, zu kooperieren und Aufgaben zu übernehmen. Was grundsätzlich in allen Führungssituationen gilt, ist im Blick auf Leadership 4.0 noch deutlicher: Motivation lässt sich nicht von außen erzeugen oder erzwingen. Wenn disziplinarische Macht wegfällt, bleibt nur die intrinsische Motivation. Alle Beteiligten zu motivieren ist deshalb eine wichtige Führungsaufgabe. Denn Führung kann Motivation unterstützen und fördern – oder eben auch zerstören. Es gibt zahlreiche Modelle und Theorien, die Motivation – auch im Kontext von Arbeit – beschreiben (vgl. für einen Überblick Moskaliuk und Bildat 2017). Für das Thema Führung sind Modelle am fruchtbarsten, aus denen sich konkrete Handlungsempfehlungen ableiten lassen und die gleichzeitig empirisch fundiert sind. Ein solches Modell aus der pädagogischen Psychologie ist die Selbstbestimmungstheorie der Motivation. Die US-amerikanischen Forscher Edward L. Deci und Richard M. Ryan (Ryan und Deci 2000) haben die Begriffe intrinsische und extrinsische Motivation genauer betrachtet. Intrinsische Motivation entsteht von innen heraus. Menschen tun etwas, weil es Spaß macht, sinnvoll oder interessant ist. Diese Handlungen werden um ihrer selbst willen ausgeführt. Demgegenüber steht die extrinsische Motivation, die Handlungen beschreibt, die durch Belohnungen oder Bestrafungen von außen motiviert sind. In der Realität ist die intrinsische und extrinsische Motivation nicht klar voneinander getrennt, viele Handlungen sind sowohl intrinsisch als auch extrinsisch motiviert. Es handelt sich also eher um einen Übergang von extrinsischer zu intrinsischer Motivation: Auch innerhalb der extrinsischen Motivation gibt es selbstbestimmte Elemente und umgekehrt.

Die zentrale Frage ist, was Menschen intrinsisch motiviert. Hier schlagen Deci & Ryan in ihrer Selbstbestimmungstheorie drei psychologische Grundbedürfnisse vor, die eine Grundlage für intrinsische Motivation sind: Das Bedürfnis nach Kompetenz, das Bedürfnis nach Autonomie und das Bedürfnis nach sozialer Eingebundenheit. Kompetenz meint dabei die Möglichkeit, auf die eigene Umwelt einwirken zu können, und gewünschte Ergebnisse effizient erreichen zu können (z. B. Ich bin zufrieden mit meiner Leistung.). Autonomie bezieht sich darauf, freiwillig und eigenständig zu handeln (z. B. Ich entscheide, womit ich mich beschäftige.). Soziale Eingebundenheit bezieht sich auf das Gefühl, Teil einer Gruppe zu sein, von anderen gebraucht zu werden, und sich auf andere verlassen zu können (z. B. „Ich habe das Gefühl, dazuzugehören".). Wenn diese Motive erfüllt sind, sind Personen intrinsisch motiviert. Sie beteiligen sich dann z. B. stärker am Wissensaustausch mit anderen, nutzen nicht nur die von anderen bereitgestellten Informationen, sondern tragen auch aktiv eigenes Wissen bei und zeigen höhere Lernleistungen.

Die Selbstbestimmungstheorie der Motivation ist eine allgemeinpsychologische Theorie. Sie nimmt an: Intrinsische Motivation sollte bei allen Menschen in ähnlicher Weise entstehen. Die Bedürfnisse nach Kompetenz, Autonomie und sozialer Eingebundenheit sind notwendige Voraussetzungen für Motivation. Nur wenn alle drei Bedürfnisse erfüllt sind, sind Menschen intrinsisch motiviert. Unterschiede zwischen Menschen gibt es in der Ausprägung einzelner Bedürfnisse oder in der Bewertung von Situationen, z. B. welches Ausmaß an

Selbststimmung gegeben sein muss, dass eine einzelne Person sich als autonom wahrnimmt. Die Herausforderung ist, innerhalb fester organisationaler Strukturen, Hierarchien und Kulturen nach Möglichkeiten für Kompetenz, Autonomie und sozialer Eingebundenheit zu suchen und diese umzusetzen. Die Selbstbestimmungstheorie der Motivation kann Führungskräfte dabei unterstützen, die Rahmenbedingungen von Arbeit und Kooperation im eigenen Team zu analysieren und im Blick auf das Potential, die drei Bedürfnisse Kompetenz, Autonomie und sozialer Eingebundenheit zu befriedigen, weiterzuentwickeln und zu verbessern.

Gleichzeitig eignet sich die Selbstbestimmungstheorie der Motivation auch, um die individuellen Unterschiede zwischen Mitarbeiterinnen und Mitarbeitern zu reflektieren. Wenn es gelingt, die Motive von Mitarbeitenden im Führungshandeln zu berücksichtigten, trägt das zur Steigerung der intrinsischen Motivation bei. Dabei unterstützt das Beratungstool, das im nächsten Kapitel vorgestellt wird.

6.2   Beratungstool: Motiv-Check

Das Beratungstool Motiv-Check basiert auf dem 3K-Modell von Kehr (2011). Ziel ist, in einer konkreten Situation die psychologischen Grundbedürfnisse der beteiligten Personen zu verstehen und zu berücksichtigen. Der Motiv-Check bezieht sich auf einzelne Mitarbeitende und fokussiert den Zusammenhang zwischen Persönlichkeit, Motiven und Arbeitszufriedenheit.

Es gibt viele unterschiedliche Theorien und Modelle, die erklären, wie sich die Persönlichkeit eines Menschen entwickelt, und wie Unterschiede zwischen Menschen zu erklären sind. Ein für die Praxis hilfreiches Modell (Moskaliuk 2016) beschreibt die Persönlichkeit als das Netzwerk aller Werte, Ziele und Beliefs. Was einem Menschen wichtig und wertvoll ist (Werte), was ein Mensch erreichen will (Ziele) und was ein Mensch glaubt über sich und die Welt (Beliefs), macht seine Persönlichkeit aus. Die eigene Persönlichkeit ist dabei nicht statisch und unveränderbar, sondern entwickelt sich ständig weiter. Auslöser für die Weiterentwicklung der eigenen Persönlichkeit sind oft äußere Veränderungen, wie ein neuer Beruf, ein anderes soziales Umfeld oder eine Krankheit oder Krise. Zentral ist also, dass die Persönlichkeit nicht losgelöst zu beschreiben ist, sondern nur im Zusammenhang mit ihrer Umwelt zu verstehen ist. Typischerweise beginnen Menschen genau dann, sich mit der eigenen Persönlichkeit auseinanderzusetzen, wenn es zu einem Konflikt kommt zwischen dem, was gerade von außen her passiert, und dem, was ein Mensch im Inneren möchte.

Der Motiv-Check hilft dabei, die individuellen Werte, Ziele und Beliefs von Mitarbeiterinnen und MItarbeitern im Führungshandeln zu berücksichtigen. Werte, Ziele und Beliefs hängen voneinander ab und beeinflussen sich gegenseitig. Bestimmte Beliefs können das Erreichen eines Ziels verhindern, ein neues Ziel kann die Bedeutung einzelner Werte verändern, ein Wert kann für das Erreichen eines Ziels hinderlich oder förderlich sein. Die drei Aspekte können wie drei Ecken eines gleichseitigen Dreiecks beschrieben werden: Wenn sich eine Ecke in eine bestimmte Richtung verschiebt, müssen sich auch die anderen Ecken verschieben, damit das Dreieck im Gleichgewicht bleibt. Bezogen auf Führung bedeutet das: Wenn das Dreieck einer Person aus dem Gleichgewicht ist, kann das Einfluss auf das gesamte Team haben und der Erfolg eines Projekts beeinträchtigen.

Der Motiv-Check ist eine Methode, um einzelne Mitarbeiterinnen und Mitarbeiter in den Blick zu tun, z. B. eine Person, die für das Projekt besonders wichtig ist, oder eine Person, mit der Konflikte oder Schwierigkeiten zu erwarten sind. Im nächsten Schritt kann der Motiv-Check auf andere Personen ausgedehnt werden. Mit dem Motiv-Check kann die Persönlichkeit der Mitarbeitenden berücksichtigt werden.

Situation und Beteiligte. Im ersten Schritt geht es darum, die Situation und die Rahmenbedingungen für ein Projekt oder eine Aufgabe zu analysieren, die im Team gelöst werden soll. Außerdem wird überprüft, welche Personen für das Projekt besonders wichtig sind. Dabei helfen die folgenden Leitfragen.

- Welches Ziel verfolgt das Projekt? Wann ist das Projekt erfolgreich abgeschlossen?
- Welche Aufgaben gibt es?
- Welche Ressourcen sind knapp?
- Woran könnte Projekt scheitern? Was sind kritische Faktoren?
- Welche Mitarbeitende sind beteiligt?
- Welche Mitarbeitenden haben eine besondere Bedeutung für den Erfolg des Projektes?
- Was brauche ich unbedingt von den einzelnen Teammitgliedern?
- Was braucht mein Team von mir?

Persönlichkeit und Motivation. Im nächsten Schritt werden individuellen Werte, Ziele und Beliefs einzelner Personen in den Blick genommen. Dabei ist wichtig: Es handelt sich immer um eine subjektive Einschätzung, die auf der Wahrnehmung der Person beruht. Die Einschätzung kann sich erheblich von der Selbsteinschätzung oder Selbstwahrnehmung der betroffenen Person unterscheiden. Im Zweifel kann es sich deshalb lohnen, nachzufragen und die eigene

Wahrnehmung mit der Wahrnehmung andere Personen abzugleichen. Für die drei Aspekte Ziele, Werte und Belief unterstützen die folgenden Leitfragen.

Ziele (explizite Motive)

- Sind die Ziele geteilt: Welche Ziele hat die Person, welche Ziele hat die Organisation?
- Passt die Aufgabe zu den Zielen der Person? Fördert die Aufgabe das Ziel der Person? Stört die Aufgabe das Ziel?
- Ist das Ziel „heiß" – das bedeutet: Für die betroffene Person relevant und bedeutsam?
- Ist das Ziel klar, erreichbar und messbar?

Werte (implizite Motive)

- Was ist der Person wirklich wichtig?
- Macht die Aufgabe, das Projekt der Person Spaß?
- Ist die Person mit dem Herz dabei, und „brennt" für das Projekt?
- Was würde der Person fehlen, wenn sie nicht Teil des Projekts wäre.

Beliefs (subjektive Fähigkeiten)

- Hat die Person die notwendigen Fähigkeiten und Kompetenzen?
- Hat die Person die notwendige Erfahrung?
- Hat die Person bereits ähnliche Aufgaben und Projekte erfolgreich abgeschlossen?
- Ist die Person von der eigenen Kompetenz, den eigenen Fähigkeiten überzeugt?

Führungsstrategien. Auf Basis dieser Vorüberlegungen werden passenden Führungsstrategien ausgewählt. Grundfrage ist jeweils, auf welcher Ebene (Ziele, Werte, Beliefs) auf Basis der Leitfragen Handlungsbedarf identifiziert wurde.

Ziele, Werte und Beliefs sind in Balance

- Delegieren und Verantwortung abgeben
- Im Kontakt bleiben und gemeinsame Ziele im Blick behalten.
- Auf Selbststeuerung des Teams vertrauen
- Rückmeldung geben und einholen
- neue Herausforderungen suchen

Handlungsbedarf auf Ebene der Beliefs

- Gespräch suchen und begleiten
- Schulung und Training
- Coaching und Mentoring
- Unterstützung aus dem Team
- Erfahrungsaustausch fördern

Handlungsbedarf auf Ebene der Werte

- Anreize schaffen, die zum Ziel passen
- gemeinsame Vision entwickeln
- Erschöpfung der Willenskraft im Blick behalten
- wertorientiert führen und kommunizieren
- Widerstände wahrnehmen

Handlungsbedarf auf Ebene der Ziele

- überzeugen und erklären
- Diskussion suchen und zuhören
- neue Anreize zur Zielbildung schaffen
- Zielkonflikte ernst nehmen und verändern
- Entscheidungen transparent machen

Was Sie aus diesem *essential* mitnehmen können

- Leadership 4.0 bezieht sich auf die innere Haltung, die eine Voraussetzung für erfolgreiches Führen in einer VUCA-World ist.
- Leadership 4.0 muss auf Diversität reagieren und diese als Grundlage für Innovation nutzen.
- Leadership 4.0 ist in vielen Fällen laterale Führung, das bedeutet: Führung ohne formale Macht. Führungskraft brauchen deshalb weitreichende kommunikative und soziale Fähigkeiten.
- Leadership 4.0 ist wertorientierte Führung, die den Zusammenhang zwischen dem Erleben von Sinn und der sich daraus ergebenen intrinsischen Motivation versteht und in konkretes Führungshandeln umsetzt.
- Leadership 4.0 berücksichtigt Werte, Ziele und Beliefs von Mitarbeiterinnen und Mitarbeiterinnen und richtet Führungshandeln daran aus.
- Leadership 4.0 berücksichtigt die Besonderheiten digitaler Medien für Kommunikation und Kooperation und fordert die effiziente Nutzung digitaler Medien ein.

© Springer Fachmedien Wiesbaden GmbH, ein Teil von Springer Nature 2019
J. Moskaliuk, *Beratung für gelingende Leadership 4.0,* essentials,
https://doi.org/10.1007/978-3-658-23708-0

Literatur

Bromme, R., Jucks, R., & Rambow, R. (2004). Experten-Laien-Kommunikation im Wissensmanagement. In G. Reinmann & H. Mandl (Hrsg.), *Der Mensch im Wissensmanagement: Psychologische Konzepte zum besseren Verständnis und Umgang mit Wissen* (S. 176–188). Göttingen: Hogrefe.

Burmeister, C. P., Moskaliuk, J., & Cress, U. (2018). Ubiquitous working: Do work versus non-work environments affect decision making and concentration? *Frontiers in Psychology, 9,* 310.

Clark, H. H., & Brennan, S. E. (1991). Grounding in communication. *Perspectives on socially shared cognition, 13,* 127–149.

Cucina, J. M., Byle, K. A., Martin, N. R., Peyton, S. T., & Gast, I. F. (2018). Generational differences in workplace attitudes and job satisfaction: Lack of sizable differences across cohorts. *Journal of Managerial Psychology, 33,* 246–264.

Daft, R. L., & Lengel, R. H. (1986). Organizational information requirement, media richness and structural design. *Management Science, 32,* 554–571.

Guilford, J. P. (1950). Creativity. *American Psychologist, 5,* 444–454.

Kail, E. G. (2010a). Leading in a VUCA environment: V is for volatility. *Harvard Business Review, 11,* 3.

Kail, E. G. (2010b). Leading effectively in a VUCA environment: C is for complexity. *Harvard Business Review, 11,* 10.

Kail, E. G. (2010c). Leading in a VUCA environment: U is for uncertainty. *Harvard Business Review, 12,* 3.

Kail, E. G. (2011). Leading effectively in a VUCA environment: A is for ambiguity. *Harvard Business Review, 1,* 6.

Kehr, H. M. (2011). Führung und Motivation: Implizite Motive, explizite Ziele und die Steigerung von Willenskraft. *Personalführung, 4*(2011), 66–71.

Kiesler, S., Siegel, J., & McGuire, T. (1984). Social psychological aspects of computer-mediated communication. *American Psychologist, 39,* 1123–1134.

Kirschner, P., & De Bruyckere, P. (2017). The myths of the digital native and the multitasker. *Teaching and Teacher Education, 67,* 142–145.

© Springer Fachmedien Wiesbaden GmbH, ein Teil von Springer Nature 2019
J. Moskaliuk, *Beratung für gelingende Leadership 4.0,* essentials,
https://doi.org/10.1007/978-3-658-23708-0

Kochan, T., Bezrukova, K., Ely, R., Jackson, S., Joshi, A., Jehn, K., et al. (2003). The effects of diversity on business performance: Report of the diversity research network. *Human Resource Management: Published in Cooperation with the School of Business Administration, The University of Michigan and in alliance with the Society of Human Resources Management, 42,* 3–21.

Kühl, S., Schnelle, T., & Schnelle, W. (2004). Führen ohne Führung. *HarvardBusinessManager, 1,* 71–79.

Mannix, E., & Neale, M. A. (2005). What differences make a difference? The promise and reality of diverse teams in organizations. *Psychological Science in the Public Interest, 6,* 31–55.

Moskaliuk, J. (2013). ich.raum Coaching-Modell: Ziele, Werte und Beliefs in Balance. https://ichraum.de/modell/.

Moskaliuk, J., Moeller, K., Sassenberg, K., & Hesse, F. W. (2016). Gestaltung von (medi-engestützten) Lernprozessen- und Umgebungen in organisationalen Kontexten – Beiträge der Pädagogischen Psychologie. In K.-H. Sonntag (Hrsg.), *Personalentwicklung in Organisationen* (S. 145–172). Göttingen: Hogrefe.

O'Reilly, T. (2005). What is Web 2.0. *Design patterns and business models for the next generation of software.* http://www.oreillynet.com/pub/a/oreilly/tim/news/2005/09/30/what-is-web-20.html.

Rother, M. (2013). *Die Kata des Weltmarktführers: Toyotas Erfolgsmethoden.* Frankfurt: Campus.

Spears, R., & Lea, M. (1994). Panacea or panopticon? The hidden power in computer-mediated communication. *Communication Research, 21,* 427–459.

Sprenger, R. K. (2012). *Radikal führen.* Frankfurt: Campus.

Twenge, J. M., Campbell, S. M., Hoffman, B. J., & Lance, C. E. (2010). Generational differences in work values: Leisure and extrinsic values increasing, social and intrinsic values decreasing. *Journal of Management, 36,* 1117–1142.

Young, S. J., Sturts, J. R., Ross, C. M., & Kim, K. T. (2013). Generational differences and job satisfaction in leisure services. *Managing Leisure, 18,* 152–170.

Printed in the United States
By Bookmasters